輕鬆掌握
日本
三大幕府

一冊讀懂 鎌倉時代

【監修】大石學

遠足文化

監修序

說到「鎌倉時代」，你的第一印象是什麼？是不是鎌倉市、鎌倉武士與鎌倉新佛教呢？這些關鍵字都象徵著歷史的重大改變，顯示日本從以奈良、京都等畿內地區為中心的古代貴族時代，逐漸走向中世武士的時代。並且，在與畿內地區相距甚遠的關東，興起了全新的武家政權。本書將根據近年來的最新資料與研究，爬梳此一武家政權成立與發展的真實樣貌。

在正式進入鎌倉時代之前，首先要從皇室擺脫攝關政治的過程說起，即皇室如何擺脫權傾天皇的上級貴族——藤原氏所擔任的攝政．關白的主導並奪回政權的過程。第一階段是天皇透過退位（讓位予繼承者）成為上皇（法皇），並在自己的役所開設院廳，依靠中、下級貴族的支持主導朝政，形成所謂的「院政」體制（一〇八六～一一七九年）。第二階段則是院政為了鞏固武裝招募警備武士，導致了平氏政權的崛起（一一七九～八五年）。不過，由平家棟梁平清盛所建立的平氏政權，仍利用現有的朝廷機構壟斷官職，具有相當強烈的守舊色彩。而打倒平氏政權，並在鎌倉（神奈川縣）建立全新的武家政權、開啟鎌倉幕府時代的，便是源氏的棟梁——源賴朝。

關於鎌倉幕府創建的年分，諸如一一八〇年、一一八五年與一一九二年等，有著各式各樣的說法。然而可以肯定的，自鎌倉幕府成立至一三三三年滅亡，武士主導了日本政治長達一百四十多年的時間。然而，即使鎌倉幕府在這段時間成為實質的政治中心，位於京都的朝廷權力卻依然健在。為此，部分觀點認為，鎌倉時代是朝廷（公家）與幕府（武家）並存的二元統治結構，甚至是公家、寺社與武家等各方勢力並存的協作結構。雖說如此，成就武家政權的鎌倉幕府，在當時的政局中持續且穩定地占有相當重要的一席之地，這一點應是無庸置疑的。隨後，鎌倉幕府的政權落到了世代輔佐將軍的執權——北條氏的手中。一二一九年，第三代將軍源實朝遭暗殺之後，鎌倉幕府由京都迎來年僅兩歲的公家將軍，開啟了全新的政治局面。

然而，與其他時代一樣，鎌倉時代也飽受災害、瘟疫與饑荒的侵擾。一二七四與一二八一年，甚至兩度遭受當時的中國政權——元的侵略。在社會動盪的背景之下，佛教界出現了全新的宗派。不同於過去以貴族為中心的宗派，這些全新的宗派以通俗易懂的方式，向民眾宣揚末法之世的救贖思想。鎌倉社會吹起的這股新風潮，不只影響了當時的思想與文化，也在產業、經濟等各種各樣領域當中發揮作用。武家政治時代不斷變動的政局，亦反映了當時社會反覆變動的樣貌。

目次

專欄

鎌倉時代的天皇・將軍・執權

※ 數字為代數

年	天皇	將軍	執權
1185	後鳥羽 82	源賴朝 ①	
1198	土御門 83		
1202		源賴家 ②	
1203		源實朝 ③	北條時政 1
1205			北條義時 2
1210	順德 84		
1211			
1212			
1219		（北條政子）	
1221	仲恭 85 ➡後堀河 86		
1224		藤原（九條）賴經 ④	北條泰時 3
1232	四條 87		
1234			
1242	後嵯峨 88	藤原（九條）賴嗣 ⑤	北條經時 4
1245			
1246	後深草 89		北條時賴 5
1252		宗尊親王 ⑥	
1256			北條長時 6
1259	龜山 90		
1264			北條政村 7
1266		惟康親王 ⑦	
1268			北條時宗 8
1274	後宇多 91		
1284			北條貞時 9
1287	伏見 92		
1289		久明親王 ⑧	
1298	後伏見 93		
1301	後二條 94		北條師時 10
1308	花園 95	守邦親王 ⑨	
1311			北條宗宣 11
1312			北條熙時 12
1314			
1315			北條基時 13 北條高時 14
1318	後醍醐 96		
1326			北條貞顯 15 ➡北條守時 16
1331	光嚴（北朝第 1 代）		

前言

prologue

世界洪流中的鎌倉時代

「鎌倉時代」是初代將軍源賴朝建立鎌倉幕府後所開創的時代，因其為日本第一個武家政權而廣為人知。賴朝推翻平氏政權，建立幕府的故事被記載於《平家物語》一書之中，不斷流傳至今。

然而，儘管鎌倉時代以賴朝建立鎌倉幕府的故事聞名於世，一般人對鎌倉幕府從成立到滅亡之間的歷史卻相當陌生，可能只對元帝國（當時統治現今中國的政權蒙古王朝）曾經進攻日本的「蒙古襲來」一詞有粗淺的印象而已。

幕府本身給人的印象如此強烈，相較之下具體的事件卻鮮為人知，或許是因為鎌倉時代欠缺了華麗鮮烈的時代印象，也沒有為人津津樂道的英雄人物之故。

鎌倉幕府建立後，御家人掀起了權力鬥爭的腥風血雨，一幕接著一幕似乎永無止盡。在權力鬥爭的過程中，賴朝的血脈很快地斷絕了，執政大權旁落到盤據執權之位的北條氏手中。

然而，隨著幕府與朝廷之間逐漸走向敵對關係，幕府雖然在這場對峙之中擊敗朝廷，卻因御家人之間不曾間斷的矛盾內亂，導致幕府成立以來便擁有強大勢力的御家人被不斷削弱。而主導幕政的北條氏一族，最終也在這樣的惡性循環之下被輕易推翻。

幕府內部不斷上演的政治權力鬥爭，最終導致過去在賴朝身邊團結一心的御家人相繼走上滅亡之路，令人不勝唏噓。室町時代有楠木正成，戰國時代有織田信長，然而說到鎌倉時代，卻沒有一個足以代表時代的英雄人物，這是鎌倉時代的致命傷。

「華麗壯觀的戰爭，令人失望的結局」，從這一點來看，鎌倉時代甚至讓人聯想起《三國志》的情節，也是在英雄一個接著一個離世之後才迎來最後的結局。

話雖如此，儘管鎌倉時代給人這樣的晦暗印象，仍有許多值得關注的亮點。例如明亮又引人入勝的插曲故事，以及文化與制度的發展，直到今天仍具啟發意義。礙於年代久遠，遺留下來的歷史文獻與遺物並不豐富，不過近年來，學界運用科學的力量進行挖掘與調查，發現了許多仍埋藏在過去的全新事實。

鎌倉時代的日本，對當時的世界來說占有什麼樣的一席之地呢？特別是在以中國為中心的東亞世界，彼此之間的關係尤為密切。

日本曾於七、八世紀派出遣隋使、遣唐使前往中國，代表著自古與中國王朝之間的深厚淵源。在平氏政權的時代，日本亦積極與統治中國南方的南宋政權往來貿易。這樣的往來關係亦傳承至後來的鎌倉幕府，在鎌倉幕府掌權時期，許多來自南宋的僧侶造訪日本，並在貿易與宣揚佛教方面做出巨大貢獻。

然而好景不常，來自中亞的騎馬民族——蒙古的強力侵略，讓南宋逐漸無力抵禦。蒙古人建立的蒙古帝國起初一路向西擴張，勢力一度從中國延伸至東歐地區，逐漸成為一個版圖橫跨歐亞大陸的巨大帝國。在幾次西征之後，蒙古帝國（國號大元）的皇帝忽必烈開始舉兵南宋、高麗與日本這幾個與中國往來密切的周邊國家，南宋因此滅亡，高麗[1]也成為元的屬國。此後，日本便被忽必烈鎖定，成為他下一個平定的目標。

同一時期，歐洲正面臨兩個難題。其一是擁有絕對權威的天主教勢力衰退，其二則是十字軍東征的失利。十三世紀初期（日本鎌倉時代前期），雖有羅馬教宗英諾森三世（Pope Innocent III，另譯依諾增爵三世）聲稱「教宗是太陽，世俗國王是月亮」，將羅馬教宗的權力提升到空前崇高的地步，然而後續卻因十字軍迷失「解放聖地」的初衷，導致戰況失去控制並走向失利，再加上羅馬教廷因世俗化而走向腐敗等種種因素，致使教宗的權勢一落千丈。後來，更發生了教宗遭法國國王腓力四世（Philip IV of France）逮捕的「阿納尼事件」（Outrage of Anagni），一連串的事件強烈動搖了整個社會的傳統價值觀。於此同時，商業與學術領域都有了突破性的發展，都市崛起，英國甚至起草了將王室置於法律之下的《大憲章》（The Great Charter），使得王權開始受到法律的限制。

另一方面，統治歷史近千年的拜占庭帝國[2]（位於羅馬帝國東部）已搖搖欲墜，伊斯蘭政權在此時取而代之，成為歐亞大陸上最強盛的國家。雖然和幾個世紀前的全盛期相比，帝國已歷經分裂，但也從此一時期開始，伊斯蘭得以將勢力擴張到印度、非洲及東南亞等地。

在這股世界情勢轉變的巨大洪流之中，只有美洲大陸得以置身事外。幾個古代王國建立了自己的文明，如馬雅文明、安第斯文明等，它們曾經相當繁榮，直到大航海時代帶領歐洲人發現了新大陸。

從宏觀的角度俯瞰鎌倉時代同一時期的世界史，會發現無論在世界的哪一處，自古以來的權威都面臨了挑戰，可謂一個全新價值觀正在誕生的時代。就這個意義上來說，「鎌倉幕府成立」這個在日本這塊土地上發生的單一事件，也算是跟上了世界歷史的潮流。

1 當時朝鮮半島的古代王國。
2 也稱為東羅馬帝國，此處選用拜占庭帝國之譯乃因作者使用的原詞為ビザンツ帝国。

「武士」的開端

在現代社會使用「武士」一詞似乎已變得理所當然，但是追根究柢，武士究竟是什麼樣的一種存在呢？根據字典的解釋，武士是「精通武術並參與軍事活動的人」，只要是憑藉武力參與戰鬥的人，便可稱之為「武士」。

那麼，所謂的「武士」究竟是從什麼時候開始出現的呢？儘管一般人普遍認為鎌倉武士的形象就是最早出現的武士形象，然而武士在歷史上粉墨登場的時間點，事實上可以追溯至平安時代中期。說到這裡，大家可能會產生新的疑問：究竟為什麼武士會出現在平安時代中期？

關於武士起源的各種研究，一直以來都相當蓬勃。目前普遍認為武士的出現，很可能起因於律令制的鬆動。當時，日本仿效唐國的律令體制，建立起一套以律令為根本的國家統治結構，也就是所謂的律令國家。然而，從十世紀開始，隨著地方治理階級國司的權力增強，中央政府基於律令的集權統治制度亦開始鬆動。一旦中央政府無法掌握地方政治，各地的治安便開始惡化，導致竊盜與小規模衝突事件變得更加頻繁。

於是，一些地方豪族與有勢力的農民開始各自武裝以鞏固防衛。這就是所謂的「地方領主說」，是目前針對武士起源最有力的說法。

不過近年來，也有學者認為武士最早應該是出現在王公貴族所居住的京都。平安時代著名的征夷大將軍坂上田村麻呂，是律令體制下的「武官」代表；而負責維護首都警備的瀧口武士團，則是早期出現的「武士」組織。這些武官開始將自己的武藝與武器代代相傳下去，擴大了武士的勢力。

在這個說法當中，武士是京都貴族的「職業」，是一種人們任職的工作，因此被稱作「職能武士說」。由於「職能武士說」更準確地捕捉到貴族武士化的樣貌，逐漸成為了現代採信的主流理論。

只是，大家可能會冒出這樣的疑問：「咦？所謂的貴族，不是像光源氏那樣過著整天吟詩作樂的生活嗎？」撇開光源氏是虛構人物這一點，即使同樣都是平安時代的貴族，彼此之間也有明顯的「階級」差異。

就上級貴族來說，他們的生活確實符合現代人的想像（就算如此，也不是整天吟詠和歌無所事事）。但是另一方面，也有一些下級貴族不得不從事「武士」這類的工作，而專擅武力的職業武士在社會上的地位其實並不高。

不過，如果回溯到古希臘時代，或是十世紀當時的歐洲，可以發現貴族參與戰鬥的情況並不少見。然而在日本，繼上述提到的軍事貴族之後，又出現了源氏與平氏等著名的武士家族。演變到後來，更成立了鎌倉幕府這個實質意義上完全由武士統治的武家政權。造成此一演變的時代背景為何？首先，為了了解鎌倉幕府成立前的歷史背景，第一章將從武士如何在歷史舞台登場，以及武士在社會上所扮演的角色等面向談起。

第一章

武士的成長

不容忽視的武士——平將門與藤原純友

武士勢力在歷史上由暗轉明的主要契機，是十世紀中葉（平安中期）相繼發生的平將門之亂（承平之亂）與藤原純友之亂（天慶之亂）。

首先由引發承平之亂的平將門開始說起。平將門這一支平氏源自於桓武天皇，其歷史可追溯至桓武天皇的曾孫高望王。高望王在臣籍降下（指皇室成員被賜姓離家，身分轉為侍奉天皇的臣子的一種政策）之後獲賜平氏，並移居上總國（今千葉縣），其歷史便從此時開始。這股勢力到了平高望下一代，影響力不僅遍及上總國，更擴張到常陸國（今茨城縣）、下總（今千葉縣北部到茨城縣西南部）到相模（今神奈川縣）一帶。

直到平將門這一代，醍醐天皇、朱雀天皇相繼即位，朝廷形成了以藤原氏為中心的政治體制。平氏一族無法在京都施展影響力，遂以關東為主要根據地持續發展勢力。將門年少時，雖曾侍奉勢力龐大的貴族卻未獲重用，於是回到氏族所在的關東。隨後，平氏一族在關東地區爆發衝突，將門亦捲入其中。起初，將門自願擔任調停者，前往武藏國（今東京都、埼玉縣、神奈川縣的一部分）調停紛爭，試圖平息關東的政治動盪。換言之，將門一開始是中央派遣到東國鎮壓民眾抗議的軍事貴族，負責處理當地治安與各項軍事事務。

但是到了後來，將門卻與常陸國的國衙（政廳）發生衝突。將門攻陷了常陸國的國衙[1]，一度占領了關東一帶，隨後又攻陷了下野國（今栃木縣）與上野國（今群馬縣），並在各國隨心所欲地任命國司。後來，他甚至自稱「新皇」並試圖建立全新的政治體制（律令國家的袖珍版）。這就是所謂的「平將門之亂」（承平之亂）。

究竟，平將門基於何種原由、何種目的介入關東地區的紛爭，至今未有定論。有人認為是因為將門之妻的父親平良兼反對兩人的婚姻導致，也有人認為這是一樁兄弟之間圍繞父親的遺產而引發的爭奪戰。

幾乎同一時間，藤原純友受政府之命，本應前往伊予國（今愛媛縣）鎮壓海盜，卻突然率兵叛亂，史稱「藤

此時此刻的世界大事？

946年布維西王朝進入巴格達

主宰中亞的伊斯蘭帝國政權阿拔斯王朝（Abbasid Dynasty）因勢力衰弱而喪失了絕對的支配力量，後來甚至允許崛起於伊朗的新興獨立王國布維西王朝（Buyid Dynasty）進入首都巴格達。至此，阿拔斯王朝徹底喪失了統治中亞的實權。

原純友之亂」（天慶之亂）。藤原純友之亂與平將門之亂（合稱承平天慶之亂），都是軍事貴族帶兵前往鎮壓地方亂事衍生出來的叛亂，兩者的性質十分近似。

政府同時承受東、西方兩場叛亂的強烈衝擊，當務之急便是傾盡全力討伐平將門。九四〇年（天慶三年），平貞盛與藤原秀鄉等軍事貴族成功討伐了將門。翌年，藤原純友遭源經基等人剿滅，兩人的戰爭亦迎來了終局。

乍看之下，這兩場亂事不過就是遭到政府鎮壓的地方叛亂，然而值得注意的是，政府在鎮壓叛亂的過程中，對武士的看法產生了變化。貴族開始畏懼武士，同時又依賴武士的保護，這樣的情勢轉變讓武士開闢了一條在京都掌握權勢的成功之道。

日本在律令制度下，朝廷除了在各國設立「軍團」，也會挑選特別武勇的精銳組成「健兒」，作為隸屬於各國的軍事配置，並由國司[2]負責管理。只是，當律令制逐漸偏離現實需求，政府開始賦予統治諸國的國司更強大的權力，除了以國衙為中心組織的軍隊之外，地方上勢力龐大的領主階層也加入了維護地方治安的行列。結果，這些所謂的地方領主開始組織不屬於政府的私人軍隊，甚至以領導棟梁為中心逐漸發展為勢力龐大的武士集團。

雖說如此，仍有部分觀點認為，承平天慶之亂不過就是地方下級貴族之間的權力鬥爭，即使演變為叛亂也是律令制度下的個別事件，武士的地位並未因此明確向上提升。

順帶一提，平將門叛亂並自稱新皇的一生在後世成為傳說，並於江戶時代被供奉為神田明神（東京都千代田區），成為民間信仰的一部分。然而另一方面，將門的存在卻也被視為招致詛咒的怨靈，人們因此建造「將門塚」（位於現在東京千代田區大手町附近）以祭奠將門的首級。

1 國衙是日本律令制中處理地方政務的國司設置役所（辦公室）的一個區域。

2 在當時「國」是地方的行政組織，「司」就是管理的意思，因此「國司」指的就是管理國這個地方行政組織的長官。

源平的抬頭──前九年之役與後三年之役

終於，武士成長的時代開始了。話雖如此，並不代表所有武士都能理所當然地齊頭式成長，在眾多武士勢力之中，有兩個家族特別嶄露頭角，那就是「源氏」與「平氏」。只是，源平兩股勢力的成長軌跡也並非發生於同一時期。

最早擴大勢力並滲透政治中樞的家族，是清和天皇的後裔「清和源氏」，他們是清和天皇賜姓貴族源氏的一支。而帶領清和源氏在政治上達成突破性進展的關鍵人物，是源經基的孫子源賴信。他與主導政治的藤原攝關家建立了緊密關係，進一步提高了清和源氏的政治權威。一〇二八年（長元元年），賴信在平忠常之亂中向世人展現了自己的武藝與膽識。平忠常與平將門同是活躍於東國的武將，在藤原道長死後那段朝廷中心勢力空白的時期，他與部下趁隙起兵，占領了上總國（今千葉縣）的國府。朝廷原先任命同為平氏的平直方為追討使前往討伐忠常，卻未收到任何成果，後遂改任源賴信為新任追討使，並命其派兵前往東國平亂。

然而，忠常的軍隊當時已近乎耗盡，有一說認為賴信說服忠常不戰而降，未耗一兵一卒便平定了叛亂。無論事實如何，以此叛亂為契機，勢力原先侷限於京都的清和源氏強化了與東國的關係，使他們與後續鎌倉幕府的成立產生了深遠連結。

源氏勢力進一步深入東國的決定性事件始於一〇五一年（永承六年）爆發的「前九年之役」[3]。過去敗給朝廷而被稱為「蝦夷」東國人民，後來成為附屬朝廷的「俘囚」[4]，他們跟隨強大豪族安倍氏，反抗起陸奧國（今福島縣、宮城縣、岩手縣、青森縣及秋田縣一部分）的國司。

為了解決此事，朝廷任命源賴信的嫡男源賴義為陸奧守赴任陸奧國，後來安倍氏看似一度臣服，最終卻仍然走向敵對關係。

雙方交戰的過程中，賴義說服自稱為俘囚主的（出羽）清原氏派兵援助而戰勝。清原氏也因此成為稱霸東北地方的一大氏族，並在後來演變為奧州藤原氏。

隨之而來的「後三年之役」，其開端為清原氏掌握巨大權力後所引發的家族內鬨。在這場內亂之中，因為源賴義

此時此刻的世界大事？

1054年東西教會大分裂

西方的羅馬天主教與東方的希臘正教，針對聖像崇拜與教宗至上論等，包含教義、禮拜儀式及行政管理權之範圍等問題爭論不休，雙方的衝突也因此不斷加深。最終雙方相互驅逐，基督宗教的世界正式分裂為羅馬天主教與希臘正教。

嫡男源義家的介入，幫助清原（藤原）清衡[5]擊敗了家族中的其他勢力。

前九年之役、後三年之役的重要意義，在於源義家與為他所調度的東國武士之間建立起了主從關係。後來所有被稱為「武家棟梁」的武士，紛紛與地方武士建立主從關係，而義家便是他們的先驅。然而另一方面，義家水漲船高的聲望也引發了朝廷的戒心，這使他的戰功不被朝廷認可，最終以「私戰」的形式作結。自源氏一族發生內鬨之後，成為源氏後盾的攝關家開始無法如同過去一般，透過將女兒嫁給天皇並生下皇子的手段，以外戚（母系親屬）的身分干涉朝政。天皇與上皇執政時不再受到攝關家的意見左右，導致攝關家的勢力逐漸走向衰退。

一方面，為取代源氏，朝廷任用了定居在伊勢（今三重縣北部）與伊賀（今三重縣西部）的武家氏族——伊勢平氏。特別是白河上皇，為了討伐在內亂後起兵叛變的源義家嫡男義親，甚至拔擢了平正盛協助平亂。與此同時，平氏在西國地方建立起自己的根據地，慢慢地涉入院政體制。再加上正盛的嫡男忠盛在繼承後亦深受白河上皇賞識，進一步為平家在貴族社會鞏固了一席之地。不久後，忠盛更成為第一個被允許出入內裏[6]的「殿上人」。另有一說認為，忠盛的嫡男清盛，便是忠盛與白河上皇的宮女之妹所生之子[7]。

另一方面，源氏在義親死後仍然無法解決內亂問題，甚至到義家的養子為義繼承家督[8]之後，依舊無法如願擴大勢力。這是因為為義沒有積極爭取貴族社會的信任，反而更加注重自身與被視為反社會勢力的武士團之間的主從關係。

如此這般，源氏與平氏雖各據一方鞏固勢力，但是他們沒有正式的社會立場，也不具備團結家族的能力，彷彿任何一個契機，都有可能爆發氏族之間的全面戰爭。此外，鳥羽法皇死後，朝廷內部出現了兩股勢力，一方是反對鳥羽法皇的崇德上皇勢力，另一方則是繼承鳥羽法皇立場的後白河天皇勢力，兩股勢力彼此衝突。「王與王」的對立，從世界史的角度來看，便讓人聯想到三世紀末羅馬帝國的

前九年之役與後三年之役的勢力圖

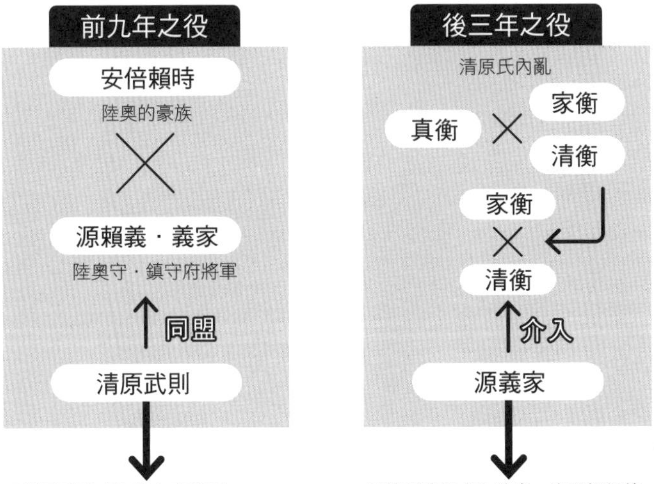

■清原武則成為鎮守府將軍。
■源賴義・義家成為東國武士團的棟梁。

■藤原清衡成為陸奧・出羽押領使。統治東北全域。
■強化了源義家與東國武士的關係。

「四帝共治制」（Tetrarchy）。為了有效治理並保衛帝國廣大的疆域，羅馬皇帝戴克里先（Diocletian）將帝國分為四等分，指定自己與馬克西米安（Maximian）為正帝，並指定伽列里烏斯（Galerius）與君士坦提烏斯一世（Constantius Chlorus）為副帝，建立了「四帝共治制」的治理模式。然而，三〇五年戴克里先退位後，各地領袖紛紛自立為帝。一直要到三二四年君士坦丁大帝（Constantine the Great）統一羅馬，成為唯一的統治者，才終結這場四帝之爭。

3 這場戰爭從源賴義到奧州赴任（一〇五一年）開始到安倍氏滅亡（一〇六二年）計算，原先被稱為「奧州十二年合戰」，在《古世紀》、《愚管抄》、《古今著聞集》等典籍皆以此名記載。然而到了後來的《保元物語》、《源平盛衰記》、《太平記》則改稱「前九年之役」，此後成為該戰役的一般性稱呼沿用至今。關於此戰役的名稱有各種說法，有人認為是以源賴義正式介入的時間點起算戰亂共九年，有人認為是因為把「奧州十二年合戰」誤解為與「後三年之役」（一〇八三～一〇八七年）的合稱，因此用十二年減三年將前段的歷史稱為「前九年之役」。也有其他典籍記載戰亂其實是十三年，針對此役究竟幾年有各式各樣的說法。除此之外，前九年之役的「役」本身與元寇來襲所使用的「文永之役」、「弘安之役」相同，都受到中國中心主義的影響。當時的朝廷將安倍氏統治的東北視為異國，更稱安倍氏為「東夷」，以對抗蠻族的角度來記述。因此後來也有人將此戰役改稱為「前九年合戰」。

4 俘囚：奈良時代、平安時代受大和朝廷支配的陸奧、出羽蝦夷人。

5 清衡是清原武貞的養子、藤原經清之子，擊敗其他勢力統治陸奧地方後，改回本姓成為奧州藤原氏之祖。

6 天皇與後宮居住之處。

7 《平家物語》有非常多版本，清盛的生母，各個版本說法不同，有祇園女御說、祇園女御之妹說、中薦女房（侍奉祇園女御的女官）說等等。

8 傳統父權制度下家族權力最大的領導者。鎌倉時代家督的地位一定要由嫡男繼承，財產則是分成幾份承繼。

王與王的戰爭——保元・平治之亂

在這個施行「院政」的時期，天皇退位成為前天皇之後，便以上皇或法皇的身分掌握實權，這使天皇家與攝關家檯面下的衝突加劇。由於鳥羽天皇年幼繼位，白河法皇得以獨攬大權，但是隨著鳥羽天皇的成長，兩人的關係走向對立。而在白河法皇死後，成為法皇的鳥羽天皇也與繼任的崇德天皇不和，甚至以逼迫的形式使其退位成為崇德上皇。

在攝關家方面，除了藤原忠通與藤原賴長兄弟之間對立加深，兩人的父親藤原忠實更從忠通手上剝奪藤氏長者[9]的地位並改為授予賴長，家族間激烈的政治鬥爭不斷擴大。

如此這般，正當天皇家與攝關家各自爆發內部衝突之際，有個決定性事件的演變，引爆了鳥羽天皇、後白河法皇與崇德上皇之間的三方衝突，那就是年幼的近衛天皇崩御所引發的繼位人選問題。崇德上皇希望能由自己的兒子重仁親王即位，或者自己復辟再次成為天皇。但鳥羽法皇並不認可，最終決定由後白河天皇即位。此一事件形成了崇德上皇與鳥羽法皇的對立形勢，平清盛與源義朝等武士集團亦因此集結於鳥羽法皇・後白河天皇陣營的麾下。後白河天皇並任用信西（俗名藤原通憲）為參謀，後來藤原忠通也加入了鳥羽・後白河陣營。而崇德上皇陣營則以藤原賴長為首，並集結了源義朝之父源為義，以及清盛的叔父平忠正等勢力。

一一五六年（保正元年），以鳥羽法皇之死為契機，後白河天皇與崇德上皇雙方陣營終於爆發戰爭，然而亂事爆發沒有多久，便由後白河天皇陣營取得勝利作收，史稱「保元之亂」。崇德上皇一方敗戰後，崇德上皇被流放到讚岐國（今香川縣），源為義與平忠正等人則遭斬首。處決兩人的正是源義朝與平清盛，這也代表源為義與平忠正分別被自己的兒子與侄子斬首。而這兩樁無情的處刑，似乎預示著「武士之世」即將到來。

從保元之亂的勝敗看牽扯其中的血緣關係

勝 天皇方		負 上皇方
後白河（弟）	天皇家	崇德（兄） ※流放
忠通（弟・關白）	藤原氏	賴長（弟・左大臣） ※傷重不治
清盛（侄子）	平氏	忠正（叔父） ※斬首
義朝（兒子・兄）	源氏	為義（父） ※斬首 為朝（弟） ※流放

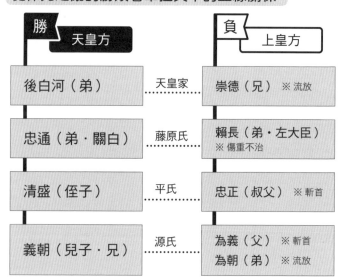

綜觀世界歷史，以九世紀的查理曼（Charlemagne，法蘭克王國國王．西羅馬帝國皇帝）為例，查理曼死後雖引起了父子兄弟間的戰端，其衝擊性與複雜的程度，卻不如上述發生於保元之亂中的「父子兄弟衝突」。

保元之亂所帶來的結果，其一是攝關家與天皇家的權威雙雙衰退；其二是清盛與義朝等武士階級意識到自己所擁有的力量及自身扮演的角色，竟然可以解決中央政治核心因權力鬥爭而引發的對立，因而強化了武士在政治上的話語權。在鎌倉時代初期的史書《愚管抄》之中，親眼目睹保元之亂的作者慈圓[10]亦留下了「成就武士之世」這樣的記載。如此這般，在保元之亂中獲勝的一方，過去鳥羽院的院近臣（上皇或法皇身邊的政治幕僚）信西擺脫了院政的束縛，開始掌握政治大權。然而，隨著信西在朝廷中的權力愈來愈大，理所當然地也引發了其他院近臣的不滿。

其中特別反對信西權力的，是同屬院近臣的藤原忠隆之子藤原信賴。他與後白河上皇之間極為密切的關係，幫助他在仕途上達成了常人難以企及的成功。其中有一種觀點認為，在當時的背景之下，後白河上皇[11]與信賴之間存在著男色關係。

另一方面，保元之亂穩固了平清盛與源義朝等武家棟梁在貴族社會的地位，這雖使他們得以掌握政治話語權，雙方卻因不滿亂事後的賞罰分配，導致彼此的對立。值得注意的是，隨著身為院近臣的信西一門逐漸掌握政界中樞，也催生出所謂反信西聯盟（義朝．信賴）的反對勢力。如此，隨著後白河院政登上政治舞台，朝廷內的權勢天秤很快便被藤原信賴．義朝派與信西．平清盛派這兩股勢力所占據。

一一五九年（平治元年），在清盛前往熊野詣（今和歌山縣）之際，反信西派趁隙舉兵。他們襲擊了後白河上皇的御所三條殿，幽禁上皇與身邊近侍，同時搜索已於事前逃亡的信西行蹤，揭開了「平治之亂」的序幕。信西與兒子雖然暫時逃出生

平治之亂的勝敗

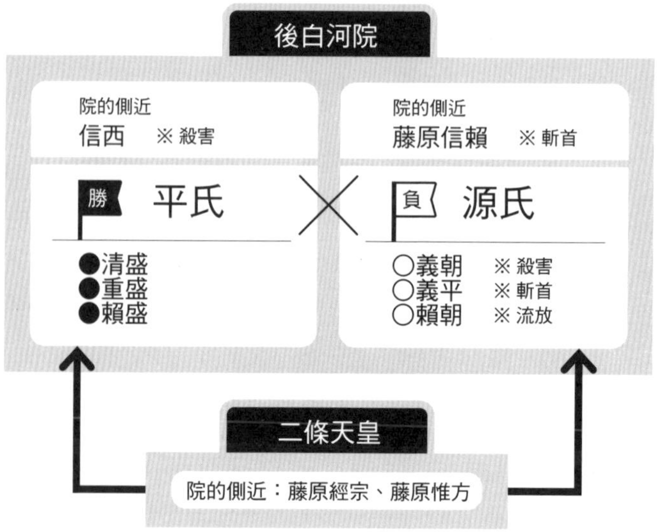

天，卻很快就在山城國田園（今京都府宇治田原町附近）被發現，信西就此遇害。至此，信賴．義朝的政變可說暫時成功了，不僅上皇與天皇的性命掌握在他們手裡，甚至解決了政治上的死對頭。

儘管如此，清盛從熊野詣趕回的路上，因召集了許多豪族的人馬，得以重整自己的備戰體制。反觀義朝的軍事基礎終究只侷限於東國，在京都近郊幾乎沒有能應戰的追隨者（家臣）。再加上武力討伐信西、信賴專橫妄為等事件發生，引發原先中立的內大臣藤原公教的反彈，清盛遂聯合公教救出上皇與天皇，義朝一派的勢力也因此被駁為叛賊。

至此，義朝軍被孤立，並在前往六波羅（今京都市東山區附近）的途中慘遭大敗。信賴在六條河原（今京都府）被斬首，義朝帶著年幼的源賴朝等幾個兒子向東奔逃，剩餘的軍勢也在逃往東國的路上四散。義朝最後投靠了長田忠致，他是義朝以乳相連的兄弟[12]鎌田正清的岳丈（妻子的父親）。然而，忠致卻因為害怕招致清盛的追殺，背叛並殺害了前來投靠的義朝、正清二人，義朝的一生也於焉告終，享年三十七歲。

義朝的兒子們雖然暫時逃脫，最終的命運卻大多悲慘。長男義平回到京都後，雖暗中計劃暗殺清盛，卻反被逮捕後處死。次男朝長在逃亡途中受傷後不治身亡。

其中，只有賴朝一人倖存，他在逃亡途中與一行人走散，後遭逮捕並送往京都。賴朝本該被處以極刑，但清盛卻沒有殺死賴朝，改為流放到伊豆（今靜岡縣）。據說是因為清盛的嫡母池禪尼見賴朝年幼起了哀憐之心，另有一說認為因為賴朝與池禪尼英年早逝的兒子平家盛神似，令池禪尼不忍，真相實不得而知。無論如何，當時源氏已近乎滅亡，平清盛因而判斷賴朝不會構成威脅的可能性相當高。

9 藤氏長者：藤原氏一族的最高領導者。
10 平安時代後期至鎌倉時代初期的僧人、歌人與歷史學家。
11 傳說後白河上皇喜好男色。
12 鎌田正清是源義朝的乳母的兒子，因此這裡說是以乳相連的兄弟。

平氏系譜

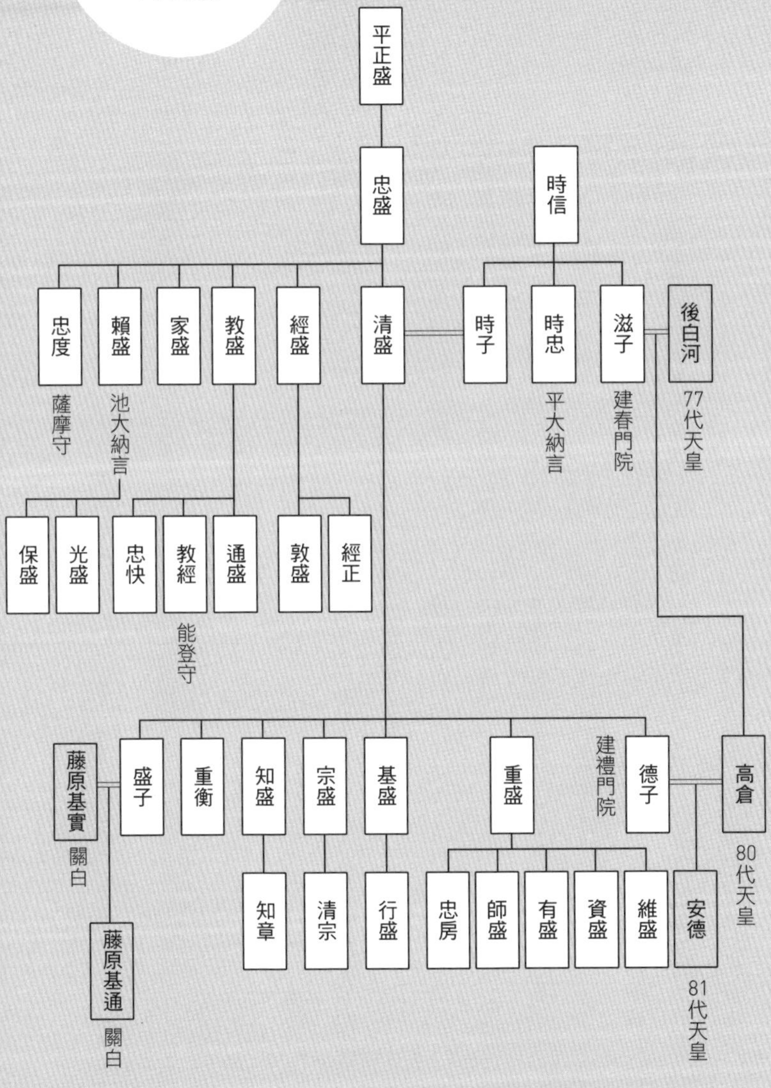
平正盛
忠盛
時信
忠度
薩摩守
賴盛
池大納言
家盛
教盛
經盛
清盛
時子
時忠
平大納言
滋子
建春門院
後白河
77代天皇
保盛
光盛
忠快
教經
能登守
通盛
敦盛
經正
藤原基實
關白
藤原基通
關白
盛子
重衡
知盛
宗盛
基盛
重盛
建禮門院
德子
高倉
80代天皇
知章
清宗
行盛
忠房
師盛
有盛
資盛
維盛
安德
81代天皇

column 1

下級貴族的生活

從事各種職業的下級貴族武士以外

對今天的我們來說，說到平安貴族，似乎就給人一種高雅的印象。那樣的形象雖然表達了上級貴族的部分樣貌，但是誠如先前所提到的，平安時代有著必須從事「武士」此一職業的貴族。

事實上除了武士，還有其他各式各樣的職業。

在平安時代的中級貴族藤原明衡所著的文學作品《新猿樂記》之中，便清楚描繪了當時社會職業的多樣性。

書中以平安時代的一個下級貴族家庭為例，用象徵性的寫作手法描繪每一位家庭成員所從事的各項職業。這本書也因如實呈現平安時代下級貴族的真實生活而備受矚目。

令人驚訝的是下級貴族所從事的職業之中，除了學者、僧侶、醫者、歌人之外，也有力士、農業經營者、金屬加工業者等，難以與

在《新猿樂記》中登場的職業

鑄物師	大名田堵（負責耕田並向領主繳納年貢的農民）
車借（運輸業）	學生
工匠（木工等）	相撲人
醫師	歌人
細工師	遊女
繪師	能書家[14]
佛師[13]	樂人（演奏音樂的人）
博打	猿樂師[15]
武者	

「貴族」二字畫上等號的職業。

其中更包含以賭博為生的「博打」，以及為多數男性提供娛樂與性服務來賺取金錢的「遊女」等，這些工作類型以現代人的眼光來看，可能不太確定是否為正當行業，但是可以確定的是，他們都是職業能力得到認可的專業工作者。從這個意義上看來，所謂的職業武士，就是以武藝維生的人。

13 製作佛像的技術工人。
14 擅長寫書法的人，現在常見的稱呼是書道家。
15 猿樂又稱申樂，是日本傳統表演藝術之一，也是能樂與狂言的源流。

非平氏者非人也——平氏的全盛期

一一五九年（平治元年）發生的平治之亂，不僅決定了源氏沒落的命運，也使得以上皇為中心的院政派與攝關家的權力開始衰退。這樣的狀況對平氏來說，宛如「無論武家還是公家都沒有競爭對手」，過著光鮮亮麗的快活日子。

首先，平清盛晉升為正三位，是以武士身分晉升為「公卿」的第一人。他同時也能以「參議」的身分參與政務。除此之外，隨著平氏以外的武家氏族勢力衰退，國家整體的軍事力量與警備方面需求被迫完全依賴平家。

平治之亂後，一切的政治決策主要由二條天皇、後白河上皇與藤原攝關家主導。然而一段時間之後，政事的主導權逐漸集中到二條天皇與前關白藤原忠通的手中，後白河上皇的權力逐漸被架空。再加上後白河上皇與平滋子之間生下了憲仁之後，二條天皇發現上皇欲立憲仁為皇太子，遂罷免院政派的平家關係人（清盛之弟、教盛與滋子之兄時忠）及院近臣等人的官職，正式穩固了二條天皇的統治地位。

另一方面，後白河上皇也有自己的打算。他於今天的蓮華王院本堂[16]與京都國立博物館坐落的區域（今京都府）建造法住寺殿，著手地方開發。此外，清盛也在該區域的北方建造六波羅（今京都市），作為平家其中一個主要根據地。

二條天皇於一一六五年（永萬元年）崩御後，後白河上皇開始與清盛聯手，他讓清盛的女兒盛子繼承攝關家的所屬領地，並在一一六七年（仁安二年）將清盛晉升為太政大臣[17]。一般認為，後白河上皇做此決定，主要考量到建立院政必須拉攏清盛作為後盾才能鞏固大權。另一方面，對清盛來說，為了領導整個平氏家族，代表權威的後白河上皇的支持亦相當重要。

清盛更將自己的女兒德子嫁給後白河的兒子，也就是即位之後的高倉天皇，而德子後來也成為高倉天皇的中宮。清盛藉此成為天皇的外戚，進一步提升了自己的權勢。

此時此刻的世界大事？

1169年埃宥比王朝於埃及崛起

庫德人（Kurd）的武將薩拉丁（Saladin）掌握實權並成為埃及蘇丹之後，建立埃宥比王朝（Ayyubid dynasty）。薩拉丁後來擊敗十字軍，足見其英勇，而他面對敵人所展現的寬容與公正，也受到高度讚揚。

另外，清盛將各地的武士團任命為「地頭」[18]，並令來自畿內（今京都周邊）與西國（山陰和山陽、九州地方）的武士為「家人」，與在地武士之間締結家子（家族庶流之長）、郎黨（無血緣關係的從屬者）等主從關係。清盛甚至被任命為太宰府（今福岡縣）次官，影響力得到進一步擴張，使他開始積極推動日本與宋之間的日宋貿易。他為此整頓大輪田泊（即現在兵庫縣神戶港內的港口）並引導宋船深入瀨戶內海，致力於港口的開發與建設，期待能從貿易中獲取利益。

清盛與平氏一族的成功，也引發了平氏與後白河院政之間的矛盾。尤其是清盛之

女德子入宮、高倉天皇即位後，平家在朝廷中逐漸成為一股難以阻擋的勢力。這終究導致平家與後白河上皇之間漸生裂隙，而兩者的關係最終也隨著建春門院（即滋子，後白河上皇皇太后，也是清盛妻子的妹妹）的離世正式決裂。

緊接著來到一一七七年（治承元年），因不滿平氏獨攬大權，後白河的近臣藤原成親、西光與僧侶俊寬等人密謀打倒平氏（鹿谷陰謀[19]），後因事跡敗露而被一網打盡。

翌年（一一七八年，治承二年），即使德子為高倉天皇誕下一名皇子，仍然無法修補平家與後白河之間緊繃的關係。清盛的不滿最終於翌年爆發，他親率大軍發動政變，不僅幽禁後白河法皇，更罷黜了大部分的貴族官職[20]。

一一八〇年（治承四年）安德天皇即位，清盛成為天皇的外祖父，開啟了實為平氏傀儡的高倉院政，也就是實質上的平氏政權。

然而，專擅的作風促成了反對勢力的崛起，這也是平氏政權急速走向崩壞的開端。

平氏政權早於鎌倉幕府，雖被視為「最初的武家政權」，卻因其重度依賴朝廷的特性，依然保有相當濃厚的貴族色彩。

平氏與朝廷之間的關係，令人聯想到幾乎同一時期，發生於歐洲的「教宗與王權之間的對立」。歐洲的王權最早亦受教會牽制，在政事上被迫聽從教宗意見，然而各地的王權後來也逐漸擺脫教宗，樹立起自己的權威。話雖如此，這並不代表基督宗教與教宗就此失去影響力，即使王權抬頭，教宗仍然握有相當大的權力。這麼說來，王權與教宗之間的權勢消長，亦相當近似日本武家政權與天皇之間的關係。

16 蓮華王院本堂，更知名的名稱為三十三間堂。

17 太政太臣是律令官制中最高的官職（關白與攝政是令外官），相當於日本國丞相。

18 地頭是地方下級官吏的職位。

19 有學者認為鹿谷陰謀事件是平清盛捏造的，目的是剷除後白河法皇的勢力。

20 應該就是後白河法皇的院近臣。

此時此刻的世界大事？

1180年卡佩王朝腓力二世即位

腓力二世（Philip II of France）登上法國卡佩王朝（Capetian dynasty）的王座之後，戰勝了英格蘭國王約翰（John, King of England），在擴大法國領土一事上頗有貢獻。勢力脆弱的卡佩王朝在腓力二世的統治下，逐漸鞏固王權。腓力二世也因此得到了「尊嚴王」的美名。

平氏政權崩壞的跫音——以仁王與賴朝舉兵

平家雖權勢薰天，衝突卻也伴隨著權勢自四面八方撲來，使平家政權不得不走向分崩離析的命運。一一八〇年（治承四年），後白河法皇的兒子以仁王舉兵，吹響了奪取皇位的號角。

一直以來，許多學者認為舉兵奪權的首謀並非以仁王，而是追隨以仁王的源氏老將源賴政。不過，基於後白河曾經迫於平氏的壓力而幽禁以仁王，以仁王不僅沒能繼位天皇，更被剝奪領地，普遍認為他有充分的舉兵動機，因此舉兵首謀為以仁王的說法更加有力。如同命中註定一般，以仁王為了報仇雪恨舉兵反抗，卻在謀劃階段就被揭穿，這股反抗勢力雖然迅速遭到鎮壓，但對反平家陣營來說卻是一劑強心針。

事實上，此時響應以仁王起兵反抗的勢力，其實是以源氏家族為首分散在日本各地的武士軍團。

而這股反抗勢力的代表人物，正是源賴朝。但是賴朝並沒有以「源氏統帥」的身分召集軍隊。事實上，響應以仁王的源賴政與甲斐的源氏勢力木曾義仲雖然都打著源氏的名號，但他們舉兵的目的並不是幫助賴朝，反而是源於「自己才有資格當源氏棟梁」的想法才付諸行動。

賴朝年僅十三歲就被流放到距離京都十分遙遠的伊豆（今靜岡縣），他在伊豆的土地上度過了二十餘年的人生。即使他是源義朝之子，在那個人生五十年的時代，二十年實在太過漫長，也難怪會被世人遺忘。在此境遇之下，就客觀的角度來看，賴朝並沒有戰勝平家的本錢，也不會有太多人特意前來馳援。賴朝自己在接下以仁王舉兵的令旨（皇太子等人傳遞命令的文書）時，也並未立刻舉兵響應。

一般認為，賴朝在伊豆受到幾位親信的庇護，過著與常人無異的生活，且擁有自己的資產。此時賴朝已經與北條政子結婚，或許對他來說，沒

各地的源氏

有必要為了響應以仁王的舉兵而放棄眼前的生活。但是，賴朝接下令旨也是不爭的事實，身在京都的三善康信也勸他立刻逃命以避免平家追殺。

也就是說，賴朝可能是在不得不為的狀況下舉兵，而且就算賴朝後來決定出兵，過去的家臣也不是所有人都願意追隨。不過根據史料記載，賴朝曾與千葉氏、三浦氏等關東豪族密會，因此可以推測出他們之所以決定出兵，很可能已經有了十足的勝算。

鎌倉時代的偉人 ❶

不世出之王

以仁王

Mochihito-ou

1151 ～ 1180

推動時代巨輪，悲運的皇子

「以仁王」因促使賴朝舉兵而在歷史上成名，而此事最終成為了鎌倉幕府成立的開端。

以仁王生於1151年（仁平元年），他是後白河上皇膝下的第三皇子，據傳他不僅具備繼承皇位的資格，更是一位才華洋溢且受眾人愛戴的人物。不幸的是，他遇上了平家權勢最鼎盛的時期。安德天皇即位後，以仁王繼位的夢想澈底破滅，後來更因清盛發動武裝政變（治承三年政變），連原本統治的莊園都被奪走了。經此巨變，一般認為以仁王謀劃出兵並非受到任何人的煽動，而是基於自主意識所為。

然而，他的計畫還沒實際執行，事跡就敗露了。以仁王警覺到危機後，雖立刻往園城寺（三井寺）、興福寺逃亡，卻在途中的宇治川遇上平家的追兵。據說，以仁王在這場交戰中遭流矢射殺。假如生於另一個時代，或許他早已即位。以仁王一生遭命運作弄，稱之為悲運的皇子實不為過。

第二章

鎌倉幕府的誕生

武士的棟梁是誰？——源平合戰

一一八〇年（治承四年），姍姍來遲的賴朝終於出兵了。第一個目標，便是盤據在伊豆國田方郡（今靜岡縣伊豆市附近）的山木兼隆，他是平氏後裔的其中一個分支。賴朝在庇護者北條時政軍隊的掩護下，成功夜襲山木邸並殺害了兼隆。

然而，平家的反應非常快，很快便組織好了應對的兵馬。在賴朝軍即將與豪族三浦氏會合之前，平家軍的大庭景親已然察覺到賴朝的意圖，他斷定迅速討伐賴朝才是上策，便率領大軍奇襲並大獲全勝，史稱「石橋山之戰」。

考慮到雙方的兵力，賴朝敗北是必然的結果。北條時政的兒子北條宗時在敗逃中戰死，使賴朝軍受到了相當大的打擊。即使如此，賴朝仍勉強保住一命。

首戰慘敗後，勉強保住一命的賴朝後來與同樣敗逃的三浦軍在安房國（今千葉縣南部）會合，並向東國勢力強大的地方豪族尋求協助。在上總國的上總廣常以及下總國的千葉常胤等勢力群起響應之後，賴朝的軍勢便一口氣壯大起來。

這些地方豪族之所以願意出兵，並不只是因為折服於賴朝的領導魅力與出身。當時，三浦氏與大庭氏、上總氏與平氏家臣伊藤忠清，以及千葉氏與平家的千葉親政等勢力各自敵對，可以看出他們加入賴朝，很大的原因是為了自己的問題作盤算。

有了這些豪族的協助，賴朝軍很快就征服房總半島並平定武藏國，收編了當地的武士集團之後，率軍進入相模國，也就是鎌倉之地。

賴朝軍的勢力已壯大到橫掃東國，為了應付這股勢力，平家組織追擊賴朝的軍隊，派出清盛的孫子平維盛率軍向東國進軍。

一一八〇年（治承四年），兩軍在富士川附近的富士沼（今靜岡縣）對峙時，一群飛出的水鳥所發出的翅膀拍擊聲讓平家軍誤認為是敵軍來襲而不戰潰逃。平家軍

賴朝進入鎌倉的路線

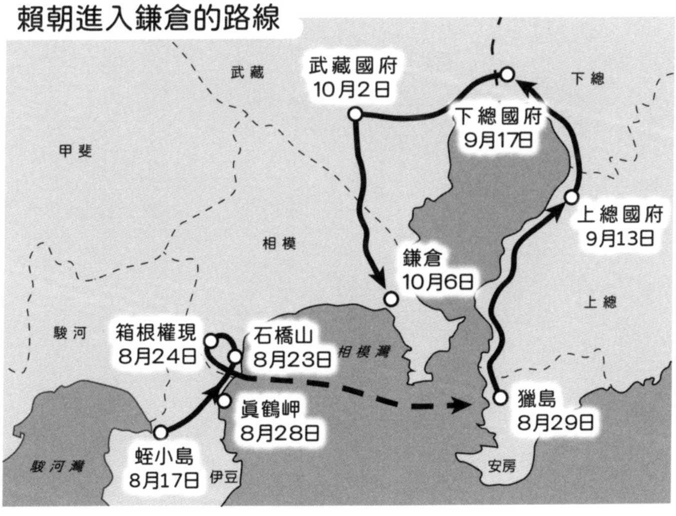

在這場「富士川之戰」的潰敗，使情勢產生了衝擊性的改變，賴朝的叛亂也因此得以蔓延擴大到全國。

不過，平家在此戰中敗退並不僅只因為「誤認」水鳥的翅膀拍擊聲為敵軍。由於平家的援軍遲遲未到，遠征東國作戰的平家軍已近乎全滅，而在當地徵調軍隊也不是容易的事，因此可推論兵力稀少亦是此戰潰敗的原因之一。

話說回來，當時的平氏不但忙於鎮壓發生在近江國（今滋賀縣）、三河國（今愛知縣東部）與美濃國（今岐阜縣）等地的叛亂，同時也準備強行遷都福原（今兵庫縣神戶市）。除此之外，平氏還發起「南都燒討」一役來處理以興福寺（位於今奈良縣）為首的反平家政權的寺院勢力，一步步將平家的勢力擴大到畿內．西國地方。

然而好景不常，一一八一年（養和元年），因為高倉上皇亡故，後白河院政得以捲土重來，更糟糕的是，以卓越的政治手腕整合平家勢力的清盛也在此時離世了。清盛的繼承人是他的三男平宗盛，宗盛不僅缺乏實戰經驗，性格也相當軟弱，這使得原先大大依賴清盛領導能力的平家政權開始動搖，失去了過去的宰制力。同年，日本更陷入「養和大饑荒」的窘境，使得軍事行動變得更加綁手綁腳。

翌年一一八二年（壽永元年），平氏開始派兵鎮壓在北陸起兵叛亂的木曾義仲等源氏勢力。然而平家軍卻未能與源氏的軍隊抗衡，於「俱利伽羅峠[1]之戰（礪波山之戰）」（今富山縣與石川縣的邊界）敗下陣來。順帶一提，在俱利伽羅峠之戰中，義仲將火把掛在牛角上並使火牛衝入敵陣，讓敵軍紛紛跌落谷底之計，便是相當著名的「火牛之計」。不過由於記載中國戰國時代的史籍《史記》也有類似的描寫，因此一般認為義仲的傳說應是根據《史記》杜撰而來。無論如何，經此一役，義仲得以早賴朝一步，取得了進入京都的先機。

義仲的威脅步步逼近，京都周遭的武士集團紛紛脫離平家的掌控。無計可施的平家在迫不得已之下，終於落得「棄京逃離」前往太宰府（今福岡縣）的下場。然而，對平家來說損失的卻不只是京城。

此時此刻的世界大事？

1185年拜占庭帝國的統治者科穆寧王朝滅亡

拜占庭帝國雖統治了羅馬帝國東部區域，卻苦於東土耳其塞爾柱王朝（Seljuk dynasty）的發展。受到中央極權體制崩潰的衝擊，科穆寧王朝（Komnenos dynasty）於 1185 年因居民引起的暴動而走向滅亡。

首先，原先受平家監視的後白河上皇成功脫逃。平家雖然保住了安德天皇與三神器（八咫鏡、草薙劍與八尺瓊勾玉），但是從「正統性」的角度來看，平家政權可謂損失慘重。此外，棄京逃離之後，平家人之間的關係也開始分崩離析。清盛的弟弟賴盛在平家逃離京都時，沒有同行而選擇留下，此舉在勢力龐大的平家諸侯之間引發不滿。

另一方面，木曾義仲進京之後，雖然成為實質的軍事統治者，但義仲身邊的武士卻在京都燒殺擄掠，加上公卿與後白河法皇開始深化與賴朝的合作關係，使義仲的立場變得更為不利。

與此同時，逃離京都的平家一行人雖然暫時棲身於大宰府，卻遭到當地的九州武士攻擊而被迫撤退，最終逃往讚岐國（今香川縣）的屋島。

而在賴朝方面，在加深與朝廷之間的關係後，賴朝軍釋放出有意上洛的訊息，朝廷也對此表示歡迎，並向賴朝頒布了〈壽永二年十月宣旨〉（一一八三年）。該宣旨規定，京都的貴族與大寺院可收回東國的莊園，同時允許賴朝可對無視命令之人行使警察權[2]。至此，一直以來被視為叛軍的賴朝軍得到了朝廷的承認，並在實質上擁有了東國的合法統治權。

到了今天，即使壽永二年的宣旨被評為「鎌倉幕府成立的契機」，然而從另一個角度來

平氏棄京逃離的路線

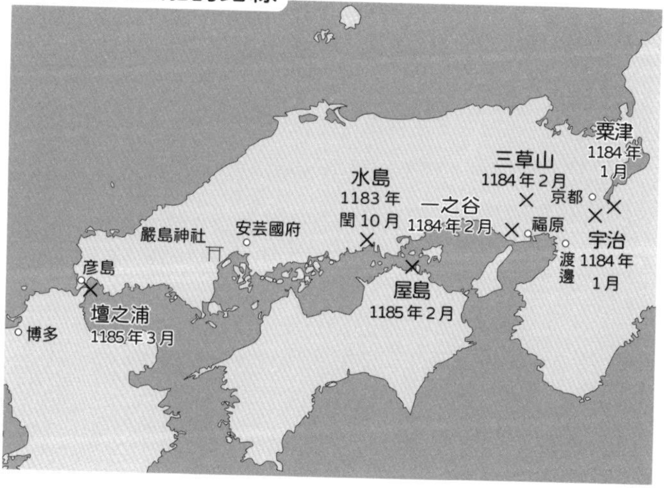
粟津
1184年
1月
三草山
1184年2月
水島
1183年
閏10月
京都
一之谷
1184年2月
福原
嚴島神社
安芸國府
宇治
1184年
1月
渡邊
彥島
屋島
1185年2月
壇之浦
1185年3月
博多

看，賴朝一路以來在東國獨自建立的統治系統，卻也因此被併入了朝廷的統治體制之中。因此，也有其他觀點認為，就獨立於朝廷這個意義上來說，此宣旨的頒布反而讓賴朝走了回頭路。

如此這般，賴朝得到了後白河法皇「討伐義仲」的授權，向義仲發起攻勢。義仲幽禁後白河法皇後，與平家聯手試圖討取賴朝，卻在「宇治川之戰」中被源義經所率領的賴朝軍擊敗。敗戰後，逃亡中的義仲企圖捲土重來，雖得以與附近的家臣會合，仍然無力回天，最終於晉江國的粟津（今滋賀縣大津市）陣亡。

1 山路的鞍部、隘口的意思。

2 為維護公共秩序，可命令並限制國民自由的公權力。

盛者必衰之理——平氏的滅亡

源義經入京後，下一步究竟是要繼續追擊平家一門，還是要透過和談的方式，優先回收平家離京時帶走的三神器？為此，朝廷爭論不休。結果在後白河法皇等人強烈的主張之下，最終決定繼續追擊平家一門。源義經、源範賴兩人率領著源氏軍隊，伏擊了從九州回到福原（今兵庫縣神戶市）的平氏殘軍，即為一一八四年（元曆元年）的「一之谷之戰」（於今兵庫縣）。根據《平家物語》的記載，有著戰爭天才美名的源義經執行「鵯

越奇襲」之計，率軍從一之谷的隘口縱馬而下，使平家陣腳大亂，最終大獲全勝。

不過，實際上鵯越與一之谷之間有一段不遠的距離，由於義經已經襲擊一之谷，便很難想像他會經過鵯越，因為在附近的「生田之森」兩軍也展開了交戰。故可推測《平家物語》所虛構的一之谷之戰，應是由一之谷、生田之森與鵯越此三個戰場的戰況概括而來。透過這樣的敘述方式，讓「戰況看起來更加激烈」，這類型的戰爭描述在中國等地的史籍之中也經常得到印證。

經此一役，平家大軍死傷慘重，也奠定了源氏在源平合戰中的優勢地位。

隨後，賴朝逐漸吸納西國武士成為御家人，到了一一八四年（元曆元年），後白河法皇將大部分的平家沒官領（平家滅亡後被朝廷沒收的平氏家族的領地與官職）賞賜給賴朝，後來更將關東的知行國授予賴朝接管。自此，以東國為中心的軍事政權型態終於有了眉目，也是在這個時候，鎌倉幕府設置了主要的軍事機關「侍所」、掌管一般政務的「公文所」，以及負責訴訟審判的「問注所」，整備了幕府政治的統治體制。

而賴朝對御家人的整肅也從此時開始。面對起了反抗之心的上總廣常，即使他是壯大賴朝軍的關鍵人物，賴朝仍然將其殺害。賴朝更嚴加控管獨立意圖強烈的甲斐源氏，並訓斥擅自接受朝廷官位的義經，展現了他強硬的一面。

不過，賴朝同時也苦於應付一一八四年（元曆元年）發生於伊賀國、伊勢國（皆位於今三重縣）的大規模叛亂。

賴朝費盡了千辛萬苦終於平定亂事，他將至今以來統馭東國御家人的方法「沒收敵方領土賜予盟友」也用在西國武士身上，並取得朝廷敕許設置「守護」與「地頭」等職，成功令朝廷公認其為正式的統治制度。

賴朝藉此建立起自己的一套統治制度，並令源範賴再次舉兵追擊逃返屋島（今香川縣）的平氏殘軍。西國是平家勢力的根基所在，賴朝深感此戰棘手，已經做好了長期戰的準備。

然而，義經得知了範賴軍陷入苦戰，他認為「一旦範賴軍撤退，西國平氏的勢力就會一口氣擴大」，於是，義經便在沒有取得賴朝許可的情況下，自作主張前往西國披掛上陣。義經軍登陸阿波國（今德島縣）後，便迅速對駐紮於讚岐國（今香川縣）屋島的平氏軍本陣發動奇襲，也就是一一八五年（文治元年）的「屋島之戰」。面對義經發動的閃電戰，平氏束手無策，光是帶著安德天皇從海路逃走就耗盡心力。

義經、範賴軍更與附近的武士團聯手追擊平家軍，使平氏被逼逃入長門國（今山口縣西部）的彥島據守。緊接著，當義經軍行軍至關門海峽東邊的壇之浦（今山口縣），平家軍也從彥島出發，雙方軍勢在壇之浦的海上點燃戰火，這就是源平合戰的最後一場戰役「壇之浦之戰」。此戰之後，平家的幾個主要人物不是戰死就是自殺，其他從京都逃出的一干人等亦被生擒，年僅八歲的安德天皇投海自盡，與三神器一起沉入大海之中。

距平宗盛謳歌「此世之春」也不過十五年左右的時間，滅亡來得實在太快。然而，中國的秦（紀元前二二一～二〇七年）雖統一中原並結束戰國時代，其統治政權卻也正好只維持了十五年。由此可見，勝利者無法開創長期的繁榮盛世，亦是世間常理。

另一方面，即使源氏在源平合戰之中取勝，卻佚失了三神器之一的寶劍，實在不能算是大獲全勝。加上源平合戰後，義經與賴朝之間長久以來累積的宿怨浮上水面，義經決意起兵卻遭遇失敗，被迫逃往東北。

義經出逃後，投奔東北的繁榮氏族奧州藤原氏並潛伏於此。賴朝認為若要出兵討伐義經，就必須同時剷除已經成為威脅的奧州藤原氏，於是他甚至動員九州的武士，展開了一場大規模的軍事作戰行動。

在賴朝態度強硬的進逼之下，無處可退的藤原泰衡（奧州藤原氏的當主）為了向賴朝表達順服之意，在不得已之下轉而討伐義經。然而，奧州藤原氏一直以來都是賴朝的隱憂，因此無論義經如何，賴朝仍然持續進攻，並於一一八九年（文治五年）完成討伐，奧州藤原氏就此滅亡。

這場戰爭無論在動員規模、賴朝親自出征等各方面，都與賴朝的祖先．源賴義大獲全勝的「前九年之役」相符，因此一部分學者指出這場戰爭很可能是賴朝為了重現「前九年之役」而安排的一場政治表演。

這一年，賴朝終於剷除所有政敵，他以源氏棟梁、同時也是武士棟梁的姿態，君臨鎌倉。

此時此刻的世界大事？

1189年理查一世即位

英格蘭國王理查一世（Richard I）驍勇善戰，他在第三次十字軍東征與埃及蘇丹薩拉丁大戰而有了「獅心王」的美名。不過，成長於法國的他不僅不會說英語，參加十字軍之後還曾經成為德國的俘虜，其波瀾壯闊的一生充滿了傳奇性的色彩。

column 2

東亞世界的「源平合戰」

從歷史文獻看出，平家與國際社會的緊密連結

說起源平合戰，在一般人的印象之中，就是源氏與平氏為了爭奪日本全境而引發的戰亂。事實上，每一次引人注目的內亂、每一個政治史上的事件與戰爭的結構，都並非我們想像的那麼單純。

近年來，學界有不再將源平合戰視為單純日本內戰的趨勢，而是以東亞世界整體的角度重新審視其影響。

平氏政權時期，因為清盛的主導，開啟了日本與宋之間的貿易活動。平氏以福原（今兵庫縣）與大輪田泊（今兵庫縣和田岬）為據點，推動日宋貿易並深化兩國之間的關係。根據《平家物語》對壇之浦之戰的記載，曾寫到「平氏方之船陣可見幾艘唐船（中國船）混跡其中」。除此之外，《延慶本平家物語》也提到，協助源氏的豐後國（今大分縣）武將緒方惟榮，為了避免在壇之浦一戰落敗的平氏一門

12 世紀的東亞世界

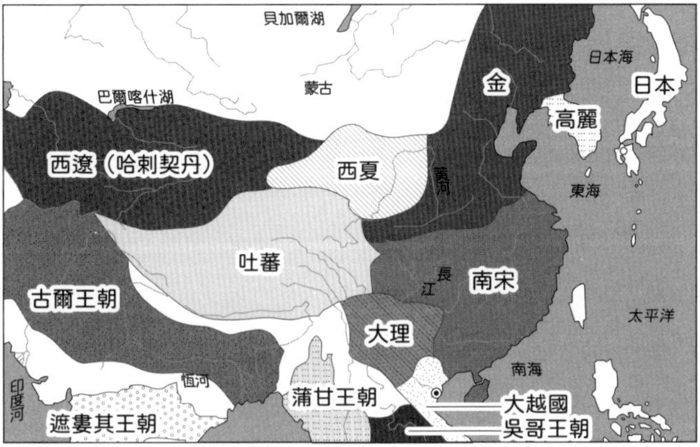

逃往宋國，便派遣軍隊與船隻擋住了前往大陸的航道。

另一方面，根據《吾妻鏡》的描述，逃離京都的平氏多次施壓對馬國（今長崎縣），還趕走對馬守藤原親光並占領該地。

自古以來，對馬國便因鄰近朝鮮半島，被定位為政府實施外交、鞏固國防的基地。平氏只要占領了對馬，往來朝鮮半島就變得更加方便，甚至還能往朝鮮半島逃亡。

由此可知，平氏確實廣泛地與東亞世界其他國家維持著一定程度的聯繫。

好箱？好國？[3]——鎌倉幕府的開端

「鎌倉幕府何時開始」是個關注度相當高的主題，其矚目程度甚至能在一般大眾之間掀起討論熱潮。

過去的主流觀點認為，由於賴朝在一一九二年（建久三年）被任命為征夷大將軍，因此一一九二年也是鎌倉幕府建立的年分，後來更出現「建立好國家鎌倉幕府」的諧音雙關語。然而，「鎌倉幕府成立的年分應該從設置守護、地頭等職位的一一八五年（文治元年）起算，而非源賴朝就任征夷大將軍之年」此一見解，近年來也受到了民眾的認可，而這個說法的雙關語則是「製作好箱子鎌倉幕府」。

兩者的不同之處，在於探討鎌倉幕府的成立過程，究竟是「名義」還是「實質」較為重要？無論支持哪一種說法皆有其道理可循。其他還有許多各種不同的意見，例如賴朝成功推翻平氏並征服關東的一一八〇年（治承四年）等。

近年來史學界究竟認為哪一年才是正確答案？就結論來說，「都是正確答案」。

鎌倉幕府並非在「一一八五年」或「一一九二年」等某個特定年分誕生的政權，而是經歷了好幾個階段才得以漸漸站穩腳步的。

首先，第一階段是一一八〇年（治承四年）賴朝在東國擴展勢力之時。就是這個時候開始，賴朝在東國建立起鎌倉幕府的權力根基，具備了軍事政權的機能。

第二階段則是一一八三年（壽永二年），賴朝與後白河法皇的關係有了進展，並獲得朝廷賦予合法支配權之時。這一年，賴朝建立了守護、地頭制的基礎，並將統治版圖延伸到西國，可謂鎌倉幕府成立統治制度的重要關鍵時期。

最後一個階段，則是一一八五年（文治元年）平氏與奧州藤原氏雙雙被滅後，鎌倉幕府的權威開始在社會上建立起來之時。雖然幕府在某種程度上已經確立，但是直到這個時候，幕府的勢力才得以深入滲透到社會，賴朝也終於能夠鞏固勢力。至此，幕府才算是完全站穩腳

此時此刻的世界大事？

1189年～1192年第三次十字軍東征

教宗與國王派遣十字軍，前往收復被伊斯蘭勢力占領的基督宗教聖地耶路撒冷。起初聯軍成功奪回聖地，後來卻逐漸陷入苦戰，第三次十字軍東征最終大敗於埃宥比王朝蘇丹（國王）薩拉丁的手下。

步。

由於經歷了上述過程，鎌倉幕府才得以正式成立，因此有研究者認為，爭論幕府誕生的時間點並沒有太大的意義。追根究柢，當時的賴朝從未宣稱「我成立了『鎌倉幕府』」，所謂的鎌倉幕府，也只是後世的人們認為「若要為他們的政治取名，那就叫鎌倉幕府吧」，而賦予的一項學術評價罷了。

換句話說，當時的賴朝並沒有「成立鎌倉幕府」的念頭，因此鎌倉幕府何時成立等問題，也就僅取決於後世的理解與看法而已。

3 日本人背誦歷史年代時常用口訣的方式來聯想，由於鎌倉幕府的成立年代有一一九二與一一八五兩個教科書經常使用的說法，便衍生了「いい箱作ろう鎌倉幕府」與「いい国作ろう鎌倉幕府」兩個版本的口訣（「いい箱」日文發音近似一一八五，「いい国」日文發音近似一一九二）。

支配靠「搏感情」？——賴朝與御家人的關係

賴朝能夠開創鎌倉幕府，背後家臣的勢力無疑扮演了重要角色。舉兵當時，賴朝只是一個「家世顯赫的流亡者」。若僅靠賴朝一人之力，舉兵必定以失敗收場。

在這樣的背景之下，賴朝與家臣之間的關係性，首重「規律」和「序列」。從賴朝以苛刻嚴厲的方式處置義經一事看來，賴朝對任何可能對自己構成威脅的人絕不留情。不過，賴朝與家臣之間的關係並未制度化也並不嚴謹，實不符合現代人想像中「將軍與家臣」的關係。

歸根結柢，當時的主從關係並非如江戶時代一般，以代代相傳為前提。家臣之所以侍奉賴朝，僅為保證自己的領地與身分地位，並沒有繼續侍奉其子孫的想法。

想要「侍奉支持自己的人」，當然是人之常情。然而，只要有一天權力傾頹，要留住家臣就變得異常困難，這也是過去平氏急速衰落的一大因素。

在這樣的背景之下，賴朝與家臣之間的關係非常鬆散。也是因為如此，有些學者認為，賴朝與家臣之間的關係並非「上司與下屬」，反而更接近所謂的「大哥與小弟」。

舉例來說，一一八六年（文治二年），重臣千葉常胤前往鎌倉獻酒賴朝，賴朝於是開設酒宴。他們在酒宴上還大肆慶祝，個個喝得酩酊大醉，千葉常胤與當時問注所的長官三善康信在酒宴上，還一個跳舞一個高歌。「將軍」與「重臣」在酒宴上載歌載舞的畫面，實在令人難以想像，然而兩者之間親密的關係，卻可以從這樣的事件之中窺知一二。

除此之外，一一八一年（養和元年）賴朝拜訪三浦氏的故鄉三浦（今神奈川縣三浦市），七十歲的三浦（岡崎）義實還纏著賴朝說想穿穿看他的水干[4]。賴朝實現了義實的願望後，上總廣常看見了，也開始嚷嚷「那件水干應該給我穿才對吧」，兩人還為此吵得不可開交。

透過這些軼聞，足見家臣們對賴朝的仰慕之情。

另一方面，面對擅自接受朝廷官職的御家人，賴朝會確實掌握所有人的特質，一個接一個地惡言辱罵，如「你這牛皮大王」、「你目光如鼠」等等。這就是賴朝平常與家臣打交道的方式，也因為他非常了解每位家臣，使這樣的治理方式能夠成立。

綜上所述，可以看出賴朝與家臣之間的關係是由人與人之間的「羈絆」建構而成。

即使賴朝對家臣如此看重，只要他發現御家人有任何背叛行為，或是他判斷有人可能對自己的地位產生威脅，賴朝便會毫不留情地處決他們。賴朝之所以用如此殘暴的態度對待家臣，是因為他的目的，便是建立一個以自身為頂點的金字塔型家臣團編制。

上述那些賴朝對御家人惡言相向的故事，說到底也是肇因於他們未經允許便擅自與朝廷有所聯繫。除此之外，觀察賴朝與木曾義仲、藤原奧州氏之間的戰事，也可看出賴朝的目的終究是為了強烈主張自己才是源氏棟梁，而非義仲或是義經。

正因如此，所有可能讓這座權力金字塔崩塌的勢力，賴朝都會毫不

留情地剷除。哪怕那股勢力來自昨天才一起飲酒慶祝的家臣，他也絕不寬貸。如此看來，當時武士之間，所謂「有情」與「無情」的距離感，實在相當獨特。

另一方面，與賴朝無關的御家人之間的關係，基本上是對等的。御家人之間雖然有階級之分，但都是「侍奉將軍的家臣」，從這個意義來說，所有御家人皆平等，都是侍奉主君的夥伴。御家人來到鎌倉，彼此平等地聊天、喝酒，也玩雙六[5]。這全是因為他們意識到「將軍之下皆平等」此一道理的結果，也顯示出御家人之間的秩序之所以能夠維持，倚賴的是賴朝的領導魅力。

然而，幕府建立之後，賴朝很快便迎來死期。一一九八年（建久九年）賴朝墜馬，並於翌年去世。至此，賴朝與家臣之間的關係迎來終局。

過去追隨賴朝並彼此平等相待的御家人之間的關係突然一口氣惡化。一直以來，仰仗著彼此的「情義」所支撐的關係，很快地走向崩壞。

賴朝與家臣之間的關係，令人聯想到羅馬帝國時期帝國與殖民地之間的關係。一般認為，羅馬帝國的統治形態與近代的帝國主義非常相似，侵略各個地區並將之視為殖民地，以剝奪主權的手段來進行支配。只是實質上來說，眾所皆知殖民地的統治權，其實是直接委任給當地的權力者。此類寬鬆統治的基礎，便是來自於接受羅馬文化之心，以及「想要成為羅馬人」的「心情」。

4 平安時代男子的裝束，指的是未上膠的布衣，由狩衣演變而來。

5 一種雙人棋盤遊戲。

6 猶子是明治時代之前的一種社會風俗，即與別人的兒子結為父（母）子關係。猶子與養子不同的是，猶子僅僅是一種契約關係，猶子不必更改自己原本的姓氏，類似乾親，與乾親不同的是猶子可享有繼承權。根據現代的觀點解釋，猶子是一種「非血緣關係的指定繼承人」。

賴朝的御家人

安達盛長	賴朝被流放到伊豆時，一直支持著賴朝。
大江廣元	承久之亂時，帶領賴朝軍取勝的智將。
比企能員	源賴朝的乳母・比企尼的猶子[6]。
北條義時	源賴朝死後，鎌倉幕府的支配者。
梶原景時	在幕府草創時期付出貢獻的名將。
畠山重忠	石橋山之戰後追隨源氏，後成為賴朝幕府時期的得力助手。
上總廣常	賴朝舉兵時的關東大豪族。

御恩與奉公的世界——鎌倉幕府的統治結構

本章將再次詳細說明何謂「鎌倉幕府的統治體制」。首先，立於幕府頂點的最高權力者是「將軍」。不過，一般人熟知的「征夷大將軍＝武家棟梁」此一概念，對於賴朝來說，似乎並沒有這樣的想法。

一一九二年（建久三年），賴朝雖被任命為征夷大將軍，然而「征夷大將軍」這個稱號其實並非賴朝的要求。賴朝僅向朝廷表明希望被任命為「大將軍」，後朝廷便從「惣官」、「征東大將軍」與「上將軍」等候補方案[7]之中選擇了「征夷大將軍」賦予賴朝。當時，征夷大將軍此一稱號還未與武家棟梁的資格畫上等號，人們稱賴朝等將軍為「鎌倉殿」，意即「鎌倉幕府的棟梁」。

而在鎌倉殿身邊侍奉的家臣，則稱為御家人。所謂御家人，是以「家人」稱呼武家忠實的家臣，為了表示敬意，於前頭加上「御」[8]字。將軍與御家人之間的關係被稱為「御恩與奉公」，主君賜與從者一份領地並保障其統治權，而從者則在戰事發生時負責出兵作戰。

不過，並非所有的武士都是御家人，只有歸屬於賴朝麾下的武士才會成為御家人。除此之外，仍存在著許多「非御家人」的武士集團。

而且，御家人之間存在階級之分，尤其是西國的御家人，多被賴朝冷落。他們的人數原就不多，也幾乎沒有機會擔任幕府內的重要職位。

這種以「御恩與奉公」為基礎的統治制度，亦是在源平合戰的過程中衍生而成。而在將軍統治下的幕府，則以三個主要機關為統治基礎。

其一是成立於一一八〇年（治承四年）的「侍所」，其主要功能是統領御家人。侍所的初代別當（第一任長官）為和田義盛，除了負責於戰事時監管所有出征參戰的御家人之外，亦兼任京都大番役（內裏、院御所諸門的警衛職）、鎌倉番役（將軍御所諸門的警衛職）等職務，負責日常的軍事警備管理工作。

其二是「政所」，負責管轄行政事務。政所是由公文所改名而來的組織，負責管理涉及幕府經濟基礎的重要事項，如經營「關東御領」（所屬於將軍的莊園與國衙領）以及徵收年貢等。政所的初代別當是從京都下到鎌倉的官僚大江廣元。

第三個機關是負責審理判決的「問注所」。問注所的工作是聽取當事者的申訴內容後，將結果報告將軍並請示判決。侍所與政所這兩個機關，皆可在朝廷內找到類似的組織，然而問注所卻是鎌倉幕府特有的機關，體現出賴朝重視審判的思維模式。問注所的初代執事（第一任執行長官）是三善康信。三善康信是賴朝舉兵當時，送信知會賴朝已因「接下以仁王的令旨而成為討伐對象」的重要人物。

在這些中央機構底下，還有負責管轄諸國的「守護」職，以及負責管轄莊園、公領的「地頭」職。如先前所述，守護、地頭等職位設置

御恩與奉公的關係

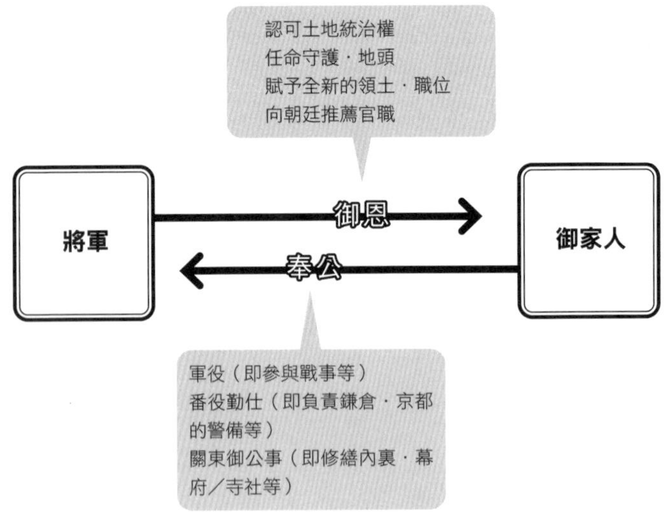

於源平合戰期間，接下來將再次針對這兩個職位整理說明。

首先是「守護」。守護是以「國」（大致等同於今天的都道府縣）為單位而設置的職位，負責國內的軍事活動並維護治安。日本過去以國為單位的管轄職位，在平安時代已設有國司，然而設置守護一職的契機卻是由「惣追捕使」演變而來。

當時正值源平合戰最激烈之際，他們被派往日本各地，除了擔任當地的軍事指揮官，也要負責徵召該國內的武士與徵收兵糧米[9]。由於他們的存在就像「臨時守護」一般，後來也被朝廷承認並正式更名。

守護的具體職責是領導自己統治國內的地頭及御家人，上京履行京都大番役[10]，並督促下一任負責此工作的御家人，以及搜查並逮捕犯罪者和謀反的叛亂分子。

特別是分配京都大番役與鎌倉番役、搜查並逮捕謀反者，以及搜查並逮捕殺人者這三項工作，被稱為「大犯三條」，幕府基本上只認可守護執行大犯三條，除此之外的其他業務基本上是被禁止的。

然而，現實與理想之間終究會產生差距。當時，諸國還有一個職位稱為國衙，其行政權受到朝廷的認可。國衙與守護雖然分別擁有自己的職責，卻有一些守護無論在權力或經濟實力方面都勝過國衙，並且擁有足以左右地方行政的影響力。

除此之外，根據諸國的狀況，有些地方沒有設置守護；相反的，也有些地方的守護甚至能行使審判權。

「地頭」一職與領土的制度有著深遠的關係，可謂「御恩與奉公」的基礎核心。鎌倉幕府並非直接將土地賜與御家人，而是透過將御家人任命為某地的「地頭」，賦予他們管轄土地的權力。

因此，地頭必須負責到莊園與國衙等人的土地上徵收並請求繳納年貢，他們也擁有從莊園領主手中取

鎌倉幕府初期的行政機關

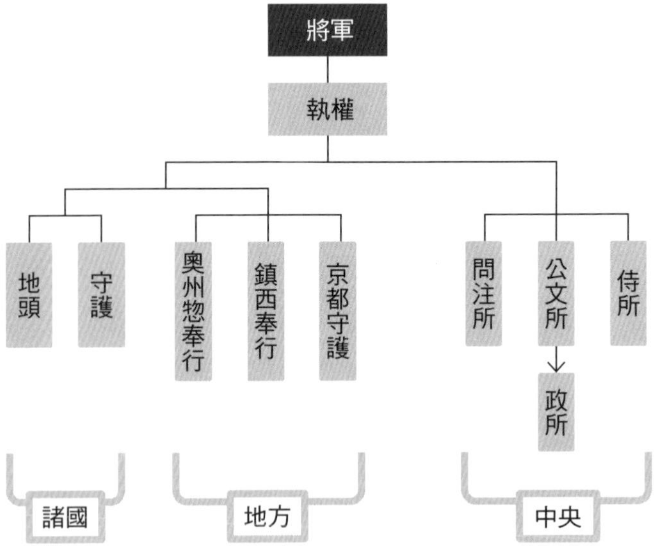

得給免田（免徵田地）與加徵米（年貢以外額外徵收的米）的權力。不過到了後來，當朝廷正式承認賴朝所建構的守護、地頭制後，有些莊園領主擔心自己在領土中獲取的權益將不若以往，因此幕府便以從平家沒收的土地與從謀反者手中回收的土地為主設置地頭。

鎌倉幕府的統治體制，是一邊摸索與朝廷之間的距離，一邊建立起來的結果。一般來說，人們普遍以「幕府成立後，政權由朝廷轉移到武士手中」來說明這段歷史，但是在鎌倉幕府初期，朝廷對日本全國的統治仍然持續，並未完整建立起以鎌倉幕府為中心的金字塔型統治體制。

不過，鎌倉幕府所實行的這種「以土地為紐帶建立起主從關係，並以此為基礎成立的統治制度」，就是一般所謂的「封建制度」。

這種「封建制度」的統治結構也曾出現於中世紀的歐洲。中世紀的歐洲與日本一樣，奉行莊園制度的地方愈來愈多，身為管理者的貴族將一部分土地賜予「騎士」，並要求騎士保護土地作為回報，這樣的封建制度在當時相當普及。從這一點來看，鎌倉幕府的統治體制與中世紀的歐洲非常相似。

過去，日本歷史學界曾將西方世界視為最先進的文明，並熱烈討論「日本史上是否存在著西方元素？」等相關議題。

另一方面，當德國的經濟學者卡爾・馬克思（Karl Marx）主張世界將會從奴隸制走向封建制、從資本主義走向社會主義的「唯物史觀」一開始盛行，有觀點認為從人類發展的進程來看，日本封建制度與西方封建制度確有共通之處。

然而，以西方世界馬首是瞻的價值觀開始受到批判，同時將社會主義視為人類普遍目標的唯物史觀也

鎌倉幕府的封建制度（土地支配）

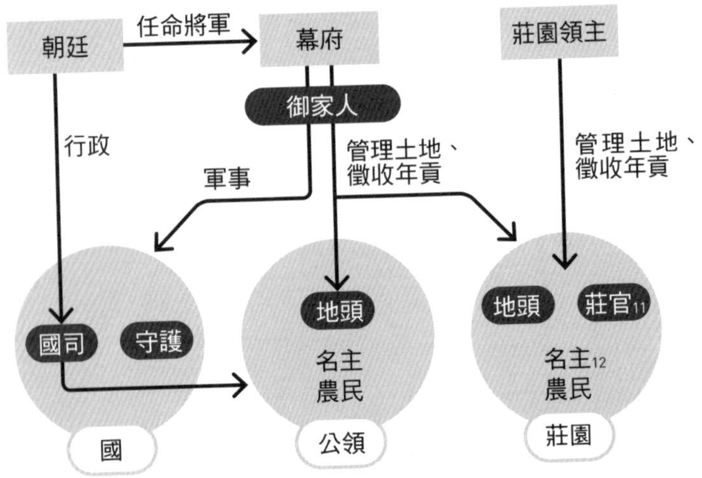

失去支持，這使「封建制度」相關的研究日漸式微。

而將日本視為自古以中國為中心的東亞世界成員，並以此為基礎重新審視身處東亞世界中的日本情勢，成為目前歷史研究的主流。

7 候補方案有四個，包含「惣官」、「征東大將軍」、「征夷大將軍」和「上將軍」。
8 「御」是帶有尊敬感的敬語表現，如御社（尊稱對方的公司）、御所（尊稱天皇的住所）等。
9 戰事時因軍隊所需而徵收的米。
10 先前提過的京都警衛職。
11 由莊園領主任命管理莊園的人。
12 幫莊園領主經營田地，負責向領主納貢的階級。

「鎌倉」是什麼樣的地方？——都市・鎌倉的發展

幕府的所在地「鎌倉」（今神奈川縣鎌倉市），到了今時今日，成為一個以海水浴場及豐富文化遺產聞名的地方。

賴朝究竟基於什麼樣的原因，選擇鎌倉作為幕府的根據地？

其中最普遍的說法，認為賴朝選擇鎌倉是基於軍事方面的理由，因為鎌倉是個三面環山的天然要塞。

然而，此觀點的佐證不過只是情況證據，若是只考量「軍事上的優勢」，還不如在地勢較高的山上建造山城，並打造一個不管多少人都難以侵略的軍事據點。無論是環山還是面海，賴朝選擇坐落於平原上的鎌倉為根據地，可以推測應該是以都市發展為考量重心，而非軍事優勢。

事實上，鎌倉雖然給人與周邊隔絕的印象，但是似乎幕府卻希望更多人往來鎌倉。也有一說認為，「切通」[13]一直以來被視為軍事都市的象徵，將根據地設置於此可成為交通政策的一環。

除此之外，也有一說認為是因為鎌倉這塊土地與賴朝的祖先源氏有淵源之故。賴朝的父親義朝曾經在鎌倉建造府邸，因此當賴朝作為源氏棟梁君臨天下，鎌倉之地也產生了重要意涵。而鎌倉的由比若宮（元八幡）是由平定前九年之役的賴朝祖先源賴義建造的，就宗教上來說亦有其意義。另外也有觀點指出，為了鎮壓過去敗於祖先手下的敵軍，賴朝可能藉由將此地設置為根據地，來向周遭的敵方主張此處已是源氏之地。

就在富士川之戰獲勝的賴朝正欲往京都進攻的同時，傳來了千葉長胤、三浦義澄與上總廣常等三位重臣的反對意見。常胤、三浦氏與廣常分別於下總國（今千葉縣北部）、相模國（今神奈川縣）與上總國（今千葉縣中部）擁有勢力，他們擔心假如自己與賴朝一起攻入京都，自己的根據地將因無人看守而發生動盪。

事實上，賴朝自己應該也認為與其急於攻打京都，不如以鎌倉為根據地，花時間完善幕府的體制更為重要。整合所有人的意向，最終賴朝做出滯留鎌倉的決定。如此看來，之所以選擇鎌倉作為根據地，或許可以說是因為「鎌倉恰好是賴朝、御家人雙方利害一致之地」的關係。

那麼下一個問題，賴朝希望將鎌倉改造成什麼樣的城市呢？追根究柢，鎌倉在賴朝帶著人馬到來之前，就是一個以由比若宮為代表、宗教設施眾多的城市。賴朝將鶴岡八幡宮從由比若宮移址，並加以振興，使其成為幕府宗教的中心。除此之外，他也整頓了許多其他的寺社[14]。在這個時期完成整建的佛寺大多保存至今，更為鎌倉這座城市添增了濃厚的神佛色彩。

此外，也因為這裡是幕府要人居住之地，因而帶動經濟發展，造就了商業與貿易活動的繁榮盛況。

可惜的是，由於鎌倉的土地相當狹窄，大半人數的御家人無法定居於此，只有在需要處理公務的時候才從居住地前往鎌倉。當時，在所屬領地從事農務也是武士

神奈川縣鎌倉市周邊區域

Google Earth
Data SIO,NOAA,U.S.Navy,NGA,GEBCO
Image@2021 TerraMetrics

的職責之一，因此他們不能長期離開自己的領地。武士平常在所屬領地治理地方，只有在參加幕府的例行性活動時才通勤前往鎌倉，這對他們來說應該是最有效率的方式。順帶一提，據說用來表達一旦發生緊急狀況，就立刻飛奔過去的諺語「いざ鎌倉」（一旦鎌倉發生大事），是出自於能劇《鉢木》的某個場景。有一次，偽裝成旅行僧侶的北條時賴路過某處遇見了一個失去領地的男人，這個男子告訴僧人：「一旦鎌倉遭遇大事……（中略）……我會帶頭飛奔至鎌倉」，也就是該男子講述內心覺悟的場景。

一直以來，東國的武士並沒有一個可以齊聚一堂的都市場所，也因此鎌倉成為東國武士聚集交流的場所。如此看來，雖然鎌倉並非武士實際居住的地方，但稱之為武士之都，也算八九不離十了。

自古以來，鎌倉便以縝密的都市計畫建造而成，以通往鶴岡八幡宮的參拜步道「若宮大路」為中心向外拓展，是建造模式宛如京都的城市。京都是一座採用「里坊制」建造的都市，以貫通全城的朱雀大路為中心，所有道路如棋盤一般整齊分布。里坊制[15]源自於中國，最初是根據唐國首都長安的都市計劃建造，直到今天，京都仍然保留當時里坊制的地名，如「四條」、「五條」等。

不過，賴朝並未想把鎌倉打造成另一個里坊制都市。事實上，鎌倉本有排水不良的問題，尤其是若宮大路周邊的區域，據說土地相當潮溼，連普通行走都有困難。儘管學界已在鎌倉進行了多次挖掘調查，也並未找到任何與里坊制相關的建築遺跡與道路。至今為止，仍然沒有任何證據可證明鎌倉是以里坊制建構而成。

中世時期的鎌倉並非我們想像中的軍事都市，也沒有縝密的城市規劃。有學者指出，若鎌倉是一個可以被稱之為要塞、固若金

鎌倉時代主要的寺社佛閣

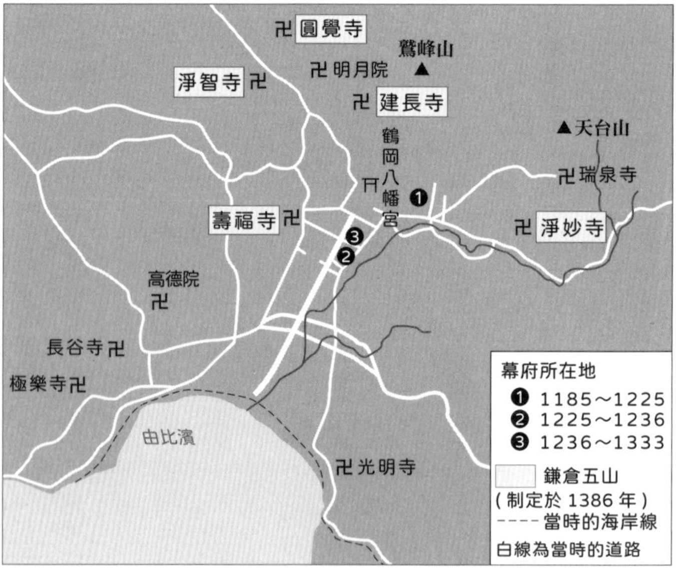

湯的城市，那麼在幕府時代末期到室町時代初期，以鎌倉為舞台的幾場戰役發生時，就不會在短短幾天內便大勢底定。例如導致幕府滅亡的新田義貞的攻擊，以及一三三五年北條時賴為了再興鎌倉幕府而發動的「中先代之亂」等。

下一章將以都市鎌倉為中心，細數發生於鎌倉時代的重大事件。這個由源賴朝所開創的鎌倉幕府，後來發生了什麼變化？而擁立賴朝的御家人又過著什麼樣的生活呢？讓我們追隨著歷史的腳步看下去。

13 應是指通往三面環山的鎌倉的陸路入口七切通（鎌倉七口）等古道。
14 佛寺與神社。
15 里坊制在日本稱為「条坊制」。

比源賴朝更早入京都的源氏武將

木曾義仲

Yoshinaka Kiso

1154 ～ 1184

因為不懂「政治」而敗給賴朝的猛將

源賴朝正在東國擴大勢力的同時，率先進入京都的正是木曾義仲。

與活躍於東國的賴朝不同，義仲的主要勢力範圍在北陸地區。義仲原先的勢力範圍在信濃國與上野國，然而為了保護以仁王的遺子北陸宮，他率先帶兵北上，再由北陸往京都進軍。驍勇善戰的義仲二度擊退平氏的追擊部隊，終於迫使平氏一族放棄京都逃往他處。

義仲入京後曾試圖與後白河法皇建立關係，但是他插手皇位並意圖讓北陸宮繼位天皇一事，並不符合後白河法皇的期望，也使義仲反而被暗中加深關係的後白河法皇與賴朝漸漸逼得走投無路。

結果，賴朝取得了後白河法皇的信任，被朝廷賦予了強大的權力，導致在政治上被孤立的義仲終被賴朝所滅。義仲滅亡的原因，表面上的說法是「在京都的暴行」，實際上卻是敗給了賴朝的政治力。

第三章

動亂的鎌倉幕府

內鬨不斷——十三人合議制

建立鎌倉幕府之後，源賴朝因落馬而死的噩耗眨眼便至，事情來得實在太過突然。雪上加霜的是，此時幕府的統治體制尚未完全確立，這使得鎌倉幕府進入了權力鬥爭的時代。

首先，繼承賴朝之位的是長男源賴家。他是賴朝與妻子北條政子之間的第一個孩子。賴朝的死固然來得十分唐突，然而賴朝在生前，已再三向身邊的御家人表達傳位賴家的決心。

一一九九年（正治元年），十八歲的賴家正式繼位成為鎌倉殿。賴家主導幕政之後，他重新審視守護、地頭制並設置問注所，試圖以與朝廷合作的公武協調路線來調整幕政。

然而，賴家的政策方向很快便遭遇挫折。原因是賴家無法像賴朝一樣，倚靠自己的能力調解御家人之間的紛爭。繼任鎌倉殿約三個月之後，有影響力的御家人開始禁止賴家親自裁決向幕府提出的訴訟，並以十三個有力的御家人（北條時政、北條義時、三浦義澄、和田義盛、梶原景時、比企能員、安達盛長、足立遠元、八田知家、中原親能、大江廣元、三善康信、二階堂行政）所組成的合議制取代，也就是所謂的「十三人合議制」。

御家人究竟為什麼不願意默默追隨賴家呢？

一直以來，人們都將原因歸結於「賴家的無能」。根據鎌倉幕府的官方史料《吾妻鏡》，對賴家的記載相當嚴厲，諸如「整天都在玩蹴鞠，不理政事」、「與賴家關係密切的梶原景時等人有特殊待遇」，及「他會做出詭異的決策，如把有影響力的御家人土地分配給中、小御家人」等。不過由於《吾妻鏡》是由北條氏的親信編撰而成的歷史文獻，因此必須謹慎看待這方面的相關記載。

事實上，對與朝廷關係密切的賴家來說，蹴鞠是非常重要的交流方式；而從「御家人皆平等」的觀點來看，重新分配土地也並不奇怪。他給親信特殊待遇，可能是為了制衡有力御家人的一種手段。

除此之外，北條氏後來雖迫使源氏將軍的香火斷絕，然而此時此刻，殺掉一個沒有太大缺陷的將軍，無法成就奪取幕府實權的大義名分。因此，北條氏之所以把賴家寫得比真實狀況還要糟糕，也可以解釋成是為了正當化「因為賴家無能而不得不這麼做」的藉口。

雖說如此，賴家引發有力御家人的群起反對也是事實。再加上賴家後來與自己最大的盟友、也是他的親生母親北條政子對立，這使他被孤立的狀況變得更加嚴重。

緊接著，一個導致賴家的立場變得更加嚴峻的事件發生了。御家人結城朝光在掩護賴朝時曾言「忠臣不事二主」一事被梶原景時得知，他將此事解釋為「朝光可以侍奉賴朝，但不能侍奉賴家」，並向幕府舉報朝光有謀反之嫌。

得知此事的朝光便向三浦義澄的兒子三浦義村尋求協助。義村與和田義盛、安達盛長等人商議之後，聯合六十六位御家人向幕府提出連署書彈劾景時。一般認為，這是由於當時景時與將軍的關係太過密切，導致其他御家人產生戒心的緣故。

此時此刻的世界大事？

1199年約翰即位為英格蘭國王

約翰（John）成為英格蘭國王之後，在與法蘭西國王腓力二世（Philip II of France）的戰爭中喪失了許多領土，後來甚至被迫簽署限制王權的大憲章，不斷做出錯誤的政治決策。約翰之所以有「無地王」（Lackland）的稱號，是因為繼位時，其父王已經沒有領地可以封給他的緣故。

結城朝光等人上書一事傳到了賴家的耳中，梶原景時後來被判處流放並逐出鎌倉。一二〇〇年（正治二年），不滿於處分的景時不顧幕府的意向擅自上洛，途經駿河國（今靜岡縣）時遭到當地武士襲擊，梶原一族被滅。

到了一二〇三年（建仁三年），賴家的健康狀況突然每況愈下，幕府內部也針對賴家繼任者一事騷動起來。

這使得比企氏與北條氏的對立浮上了檯面。當時比企氏的領導者是賴家自身乳母的丈夫比企能員，而北條氏的領導者則是賴家之弟源實朝的乳母之父北條時政。

由於賴家臥病在床，在無力反對的狀況下，他的大權被分割，其中關西三十八國的地頭職分給了弟弟實朝，而關東二十八國的地頭職與日本國惣守護職責則分給了他的兒子一幡。

然而，北條政子卻向父親北條時政告發「比企能員對此感到不滿，企圖聯手賴家策劃謀反」，時政遂邀請能員到宅邸作客，並趁此時機將之殺害。失去能員的比企一族，之後被北條政子派出的幕府大軍盡數討伐，年幼的一幡也死於混亂之中，史稱「比企能員之亂」。至此，時政、政子父女可說已排除所有障礙，眼看著實朝就要繼位將軍，原本在死亡邊緣徘徊的賴家，病況竟然開始好轉了。

一般來說，身為母親應該沒有比兒子的健康狀況好轉更欣慰的了。可是對政子來說，賴家卻是她的絆腳石。她不僅命賴家出家，更強制他退位。被流放到修善寺（今靜岡縣）幽禁的賴家，後於一二〇四年（元久元年）遭北條氏的刺客暗殺而亡。

「比企能員之亂」時序整理

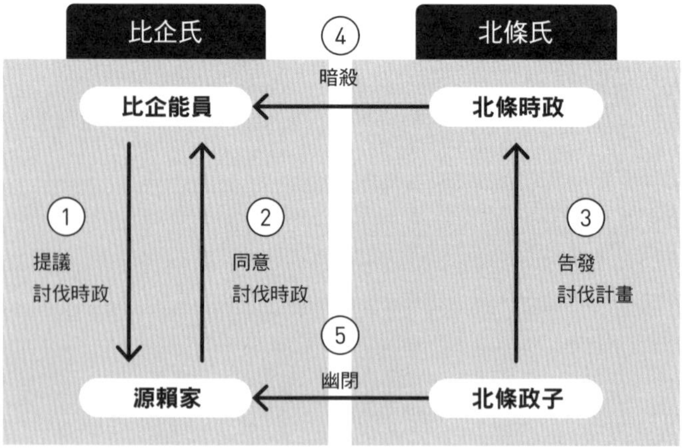

源氏將軍血脈斷絕——源實朝暗殺事件

一二〇三年（建仁三年），也是賴家亡故前一年，年僅十二歲的實朝即位成為鎌倉幕府的第三代將軍。時政與政子之所以支持實朝，是因為他與賴家不同，是在北條氏一門的庇護之下成長的。

實朝即位將軍，實際上掌握幕府實權的是他的祖父北條時政。時政掌握實權後，便令武藏國的武士加入自己的麾下歸他指揮。由於時政覬覦武藏國的企圖太過明顯，遂引起武藏國的有力武士畠山重忠的反彈。

重忠出身於名門一族的秩父平氏，在鎌倉幕府成立之前，武藏國便是他們的領地。源平合戰，重忠曾經作為平氏一方率領軍隊與賴朝作戰。後來賴朝平定房總半島，重忠率軍歸降，並在後來的大小戰役中跟隨賴朝立下了不少汗馬功勞。

重忠是武藏國最驍勇善戰的武士，不可能對時政的進逼視而不見。理所當然地，兩者的關係急速惡化。

一二〇五年（元久二年），時政與女婿平賀朝雅、繼室牧之方合謀，企圖出兵剿滅重忠及其嫡男重保。重保被與時政勾結的稻毛重成（時政的女婿）誘騙至鎌倉殺害後，重忠僅率領一百三十四騎兵馬，在武藏國二俣川（今神奈川縣）與北條義時率領的大軍交戰後戰敗身亡，這便是所謂的「畠山重忠之亂」。自此，武藏國亦歸北條氏管轄。

然而，重忠遭謀殺一事果然招致了其他御家人的不滿，時政的立場也逐漸站不住腳。從這時起，一股反對北條時政與牧之方的勢力開始浮上檯面，那就是北條政子，以及在討伐重忠一事上與時政持反對意見的北條義時。北條義時不僅是政子的弟弟，也是時政的兒子。

隨著形勢漸趨不利，時政遂決定放手一搏。他企圖廢除與政子及義時較親近的第三代將軍實朝，改立自己的女婿平賀朝雅為下一代將軍。不過時政雖然策劃了政變，卻得不到御家人的支持，而實朝的人身安全也已受到政子勢力的保護，難以撼動分毫。當平賀朝雅在京都被殺，時政也面臨了不得不出家的窘境。

平賀朝雅遭殺害一事，更為政局帶來了意外的影響。由於朝雅不僅是御家人，同時也是後鳥羽上皇身邊的近臣，他的存在足以動搖時政與朝廷之間的和睦關係。

北條時政從政治舞台退場後，北條義時登上了政所別當的最高職位「執權」的寶座，並由大江廣元等人從旁輔佐，這成為往後幕府政治的權勢結構。不過到了此一時期，幕府將軍源實朝似乎更加信賴御家人的和田義盛，而非處於政治中心的北條義時。然而義盛的存在對政子與義時來說卻是一個威脅。若將軍重用包含義盛在內的和田一族，北條氏掌握政治核心的地位可能不保。

一二〇九年（承元三年），義盛申請出任朝廷官職「上總介」，但是實朝與政子商量後，卻以「賴朝的先例」為由拒絕向朝廷推舉義盛。由於御家人不能成為諸國的長官，因此也不能向朝廷推薦武士身分的受領任官。據說實朝其實想為義盛實現所求，卻受制於政子的強力反對而只好作罷。

如此這般，正值幕府與義盛關係惡化之際，發生了信濃國（今長野縣）的御家人泉親橫陰謀敗露事件。傷腦筋的是，在這場計劃謀反之中，和田義盛的兒子義直、義重兩人，以及義盛的侄子和田胤長皆牽涉其中。

實朝為了顧及自己與義盛之間的關係，裁定赦免義直、義重兩人之罪，但是卻無法饒恕其侄胤長。北條義時將此案視為可以把握的機會，千方百計地用盡各種手段挑釁義盛。忍無可忍的和田一族被逼得開始反抗，「和田合戰」的帷幕就此揭開。

和田氏是被委以侍所別當重任的御家人，勢力非常強大，這場戰事以鎌倉為舞台，逐漸發展為和田家與幕府之間的大規模戰事。和田軍雖然一度占據上風，但是卻因為有力御家人三浦義村的倒戈，導致形勢逐漸逆轉。結果，包含義盛在內，和田一族在此戰中全數戰死，合戰以幕府強勢鎮壓作結。

和田之戰後，北條義時除了政所之外，更在實質上掌握了侍所的實權，更加鞏固了他在幕府權力中心的優勢地位。另一方面，三浦義村也因在戰事之中居首功，而被幕府委以重任。

順帶一提，《古今著聞集》記載了這樣的一段故事。某次，下總的地方豪族千葉胤綱在三浦義村的上座入席，義村喃喃說

和田合戰陣營結構示意圖

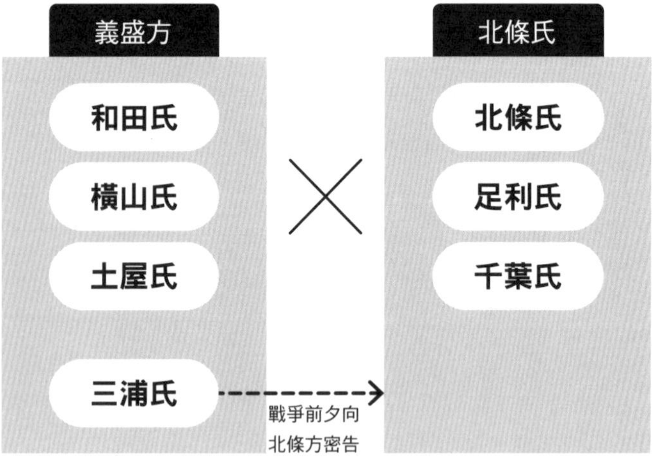

道「下總的狗連該睡在哪都不知道」，而胤綱則以「三浦的狗連朋友都吃」反唇相譏，暗諷義村在和田合戰倒戈背叛一事。話說，義盛雖然姓氏為「和田」，但他其實出身自三浦氏，義盛與義村其實是堂兄弟的關係。和田家與三浦家之間的關係友好，據說在泉親衡的陰謀敗露之際，三浦家甚至為了替和田家洗刷罪孽四處奔走。也因為如此，義村背叛義盛一事為他招致不少惡評。

此後，義時與實朝雙雙投入政事，為幕府殫精竭慮，鎌倉幕府也因此迎來了一段政治安定期。不過，實朝卻始終沒有生下繼承人。

一二一九年（建保七年），大事發生了。實朝前往鶴岡八幡宮參拜時，竟遭哥哥賴家的遺孤公曉刺殺。公曉一直將實朝視為「害死雙親的仇人」，因此他是為了報父母之仇而行凶。事件之後，公曉雖然投靠三浦義村，卻也遭到殺害。

只是公曉行凶一事實在過於唐突，自古以來便流傳著各種說法不一的「黑幕」。這些黑幕有兩個主要的代表人物，分別是北條義時與三浦義村。

首先是義時黑幕說。這個說法是由《吾妻鏡》中對義時行事可疑之記載推論而來。根據記載，實朝遭到暗殺當天，原本預定前往鶴岡八幡宮參加儀式的義時突然以「身體不適」

為由，匆忙取消了出席祭神儀式的行程。隨後由於實朝遭暗殺，有人認為義時是因為事先知道襲擊一事，為了避免嫌疑而在事件前夕離開了現場。

另一個說法則是義村黑幕說。由於義村是公曉乳母的丈夫，同時也實際養育過公曉，使得這個說法受到重視。此說法認為，由於義村一直伺機推翻北條氏，他與公曉合謀，原本計劃暗殺義時與實朝，然而卻被義時察覺。後來義時以身體不適為由逃離現場，義村預感計畫將會失敗，為了自保而殺害知道一切的公曉。

不過，無論哪一個說法都有許多不合理之處。例如在義時黑幕說方面，有人指出「義時曾透過實朝加深與後鳥羽上皇之間的關係，暗殺實朝並不合理」；而針對義村黑幕說，則指出「若義村真的想要滅掉義時，就無法解釋為何他在和田合戰中倒戈義時」。由於可以否定的

此時此刻的世界大事？

1216年教宗認可道明會

道明會（Dominican Order）是天主教的派別之一，1216 年在羅馬教宗的批准下成立。除了提倡清貧生活、鼓勵神學研究之外，積極向異端分子傳教講道也是道明會的特徵之一。

理由太多，實朝暗殺事件至今仍然真相未明。

無論如何，隨著實朝之死，源氏將軍的血脈也在第三代之後斷絕，鎌倉幕府很快便迎來重大的轉折點。

實際上，因為北條時政的施政方針，實朝與京都朝廷之間的連結甚深，他自己本身也相當熱中京都文化。實朝師從《小倉百人一首》的編撰者藤原定家並接受其和歌指導，更留下一部後世評價相當高的歌集《金槐和歌集》。可惜的是，因為實朝不尊武道的作風，使他不受御家人接納，甚至招致他們的反感。

column 3

鎌倉時代的女性

「女人入眼之國」——鎌倉時代的日本

事實上，鎌倉時代的女性在社會上活躍的程度，遠超過我們今日的想像。

最明顯的例子便是源賴朝之妻北條政子。長年以來，她對幕府的影響甚鉅，後來更被稱為「尼將軍」。

此外，在朝廷方面，後鳥羽上皇的乳母卿二位（藤原兼子）也活躍於後鳥羽院政，是影響朝廷政治核心的重要人物。僧侶慈圓將她們的功績銘記在心，寫下「日本是女人入眼之國」的評論。所謂的入眼，指的是建造大佛時，在完成之前為佛像點睛的最後一道工序，引申為「在關鍵時刻推動政治的是女性」之意。事實上，當時的女性不僅能成為御家人，也能擔任地頭等職位。

此一時期，「妻子進入夫家」是武家的結婚形式中最顯著的意涵。當時的武士為了參與戰事，經常不在所屬領地，此時妻子就必須為丈

夫分擔責任，負責統治並經營領地的各項事務。透過賦予女性照顧「家」的角色，讓女性能夠進入社會並發揮作用。除此之外，當時女性繼承財產的狀況相當普遍，因此妻子相當受到夫家重視。

話雖如此，對武家的男性來說，他們其實並不想要「依靠女人的力量」，因此在家父長制確立的室町時代之後，女性的獨立性也開始受到極大的限制。

「天皇」敗北——承久之亂

至今為止，我們都把焦點放在鎌倉幕府的制度與權力鬥爭上，因此這個章節將聚焦並整理源平合戰之後的朝廷動向。

一一八三年（壽永二年），平氏一族帶著安德天皇撤離京都，朝廷在不得已之下，只好讓年僅四歲的後鳥羽天皇即位。

後來到了一一九八年（建久九年），也就是賴朝死去的前一年，年滿十九歲的後鳥羽天皇禪位給了兒子為仁親王（土御門天皇），此後便成為後鳥羽上皇並開啟了他的院政時代。以當時的朝廷情勢來說，主張與幕府合作並與貴族合議的九條兼實在朝權的爭奪中失利，由反幕府派的源通親崛起而代之。

然而，後鳥羽上皇卻是掌握實權的「治天之君」，他實行院政將權力集中於自身，更收回分散在各地的天皇家領地，強化了朝廷的經濟基礎。他任命京都的御家人與畿內的守護為「西面武士」，負責在後鳥羽上皇身邊侍奉並擔任警備工作，從而獲得了威脅幕府的一股力量。

另一方面，幕府也為了不侵害朝廷的權利而如履薄冰，從幕府費心安排實朝的婚姻一事（實朝的聯姻對象為後鳥羽上皇的近臣坊門信清之女）便可窺知端倪。後鳥羽上皇與實朝之間的關係，可以說是極為良好。

然而，在一二一九年（建保七年）實朝遭到暗殺之後，朝廷與幕府之間的關係便急轉直下。

尤其是後鳥羽上皇與實朝之間已經建立了良好的信賴關係，實朝的死更加深了他對幕府的不信任感。另一方面，幕府則對將軍之位空缺感到十分焦慮，甚至向朝廷提議希望由後鳥羽上皇的皇子到鎌倉坐鎮成為「親王將軍」，但是後鳥羽上皇卻以「這將使日本國一分為二」為由，拒絕了幕府的請求。

除此之外，根據《吾妻鏡》的記載，後鳥羽上皇因寵愛遊女龜菊，要求幕府廢除龜菊擁有之攝津國長江、倉

此時此刻的世界大事？

1215年英國頒布《大憲章》

英格蘭國王約翰屈從貴族的要求簽訂了《大憲章》（Magna Carta），裡頭包含限制徵稅權、讓教會與都市自由行使權力以及禁止不當逮捕等條款。《大憲章》的意義在於它表明了國王亦受法律管轄，後來更成為現代英國憲政體系的基石。

橋（今大阪府豐中市附近）二莊的地頭職，然而幕府在合議之後，卻以「不能無端廢止賴朝以來設置之地頭職」為由，拒絕了後鳥羽的請求。更甚者，幕府為了傳達此一答覆，還派出北條時政的三男時房率領千餘騎軍勢前往京都，以便同時奏請朝廷盡快安排「預定成為將軍的親王」。幕府不僅不遵從「治天之君」的要求，還如此公然「脅迫」，後鳥羽上皇想必驚愕至極。

然而，後鳥羽上皇終究在一二一九年（承久元年）做出了讓步，他以「雖然無法將天皇的兒子送到鎌倉，但天皇以下的攝關家之子可以」為由，決定讓藤原道家的三男三寅前往鎌倉。

但是，過去曾經追隨以仁王起兵的源賴政之孫源賴茂卻主張「將軍應該由我來當而非三寅」並發起叛變。京都御家人遂向後鳥羽上皇訴請此事，希望後鳥羽上皇能以源賴茂不回應傳喚為由，頒發院宣[1]討伐賴茂。

結果，雖然討伐作戰本身成功了，但是京都御所中象徵朝廷權力的大內裏，卻在這場戰事中被燒毀了大半。重建的工作迅速展開，可是重建的鉅款卻在實質上加重了稅收，這引起了御家人與寺社的強烈抵制。而幕府沒有積極壓下這股抵抗的力量，也改變了後鳥羽上皇皇的心境，終於導致後鳥羽上皇對幕府的不滿超越臨界點。

一二二一年（承久三年），後鳥羽上皇首先討伐了拒絕協助自己的京都守護伊賀光季，同時頒發討伐北條義時的院宣，正式揭開了「承久之亂」的序幕。

後鳥羽軍由西國的守護與京都的御家人組成。他們雖被納入鎌倉幕府的制度體系之下，卻同時也是後鳥羽上皇麾下的武士，因而選擇了朝廷而非幕府。

另一方面，東國武士大多加入了幕府軍。東國武士做此決定的原因不得而知，但有個相當著名的插曲，便是北條政子「賴朝之恩比山高、比海深」的一席演説。這也代表幕府的反應之快，甚至沒有給東國御家人煩惱的時間。

幕府軍從全國各地強勢進攻京都，不到一個月的時間，幕府軍便占領了京都，以壓倒性的方式擊敗朝廷軍。事件後，參與本次叛亂的後鳥羽、順德與土御門三位上皇，以及皇子雅成、賴仁親王被流放，而仲恭天皇則遭廢黜。此外，其他不少配合叛亂的公卿貴族與御家人也相繼失勢，甚至遭到誅殺。

幅員遼闊的天皇領地被幕府沒收，為了管理西國，幕府於西國（今京都府）設置了六波羅探題[2]，這改變了朝廷與幕府的上下關係，使幕府占據了優勢地位。新上位的後高倉上皇與後堀河天皇的皇位繼承也受幕府掌控，幕府干涉皇位繼承相關的人事權也成為往後的常態。

朝廷一方於承久之亂大敗，一般認為應該是因為後鳥羽上皇太過信任院宣的效力，也就是對自身權威過度自滿的關係。然而近年來有另一派說法認為，後鳥羽上皇的目標並非倒幕，而是讓北條義時失勢。這種說法指出，後鳥羽上皇的目的是讓御家人在朝廷與幕府之間舉棋不定，並藉此除掉北條義時。

一直以來，坐擁絕對王權並君臨天下的「天皇」，竟然在一場叛亂中慘敗，這樣的結果衝擊了整個朝廷。

天皇長期坐擁「王座」，即使放眼世界，也很難找到比擬其權威的政權。甚至到了武士的時代，天皇的權威仍舊不可一世。從古至今，許多國家的國王、皇帝及他們的家人，都在一場場的革命中面臨處決的命運，但是追溯日本歷史，除了在六世紀遭蘇我馬子暗殺的崇峻天皇之外，沒有任何一位天皇被暗殺。追根究柢，應該是因為「推翻天皇，再由自己來當天皇」這樣的想法，對武士來說好比天方夜譚，其背景有著各式各樣說法。有一說認為由於武士的權威來自天皇，若殺了天皇，就有可能動搖、甚至失去自己的權威。另有一

鎌倉幕府的系譜

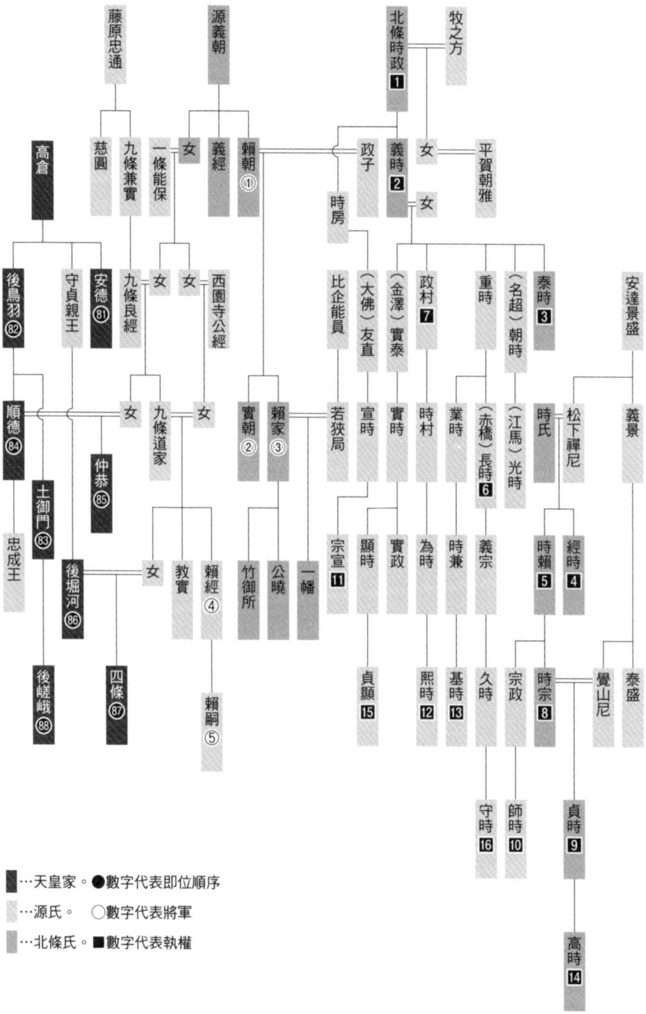

藤原忠通
源義朝
北條時政 1
牧之方
高倉
慈圓
九條兼實
一條能保
女
義經
賴朝 ①
政子
義時 2
女
平賀朝雅
時房
女
後鳥羽 82
守貞親王
安德 81
九條良經
女
女
西園寺公經
比企能員
（大佛）友直
（金澤）實泰
政村 7
重時
（名超）朝時
泰時 3
安達景盛
順德 84
女
九條道家
女
實朝 ②
賴家 ③
若狹局
宣時
實時
時村
業時
（赤橋）長時 6
（江馬）光時
時氏
松下禪尼
義景
仲恭 85
土御門 83
忠成王
後堀河 86
女
教實
賴經 ④
竹御所
公曉
一幡
宗宣 11
顯時
實政
為時
時兼
義宗
時賴 5
經時 4
後嵯峨 88
四條 87
賴嗣 ⑤
貞顯 15
熙時 12
基時 13
久時
宗政
時宗 8
覺山尼
泰盛
守時 16
師時 10
貞時 9
高時 14
…天皇家。●數字代表即位順序
…源氏。　○數字代表將軍
…北條氏。■數字代表執權

說則是認為只有天皇能夠進行神事，武士無法代行，因此若殺了天皇，將會失去神的庇護。

可是沒有想到，幕府竟然戰勝了朝廷。這也代表對御家人來說，天皇雖然仍是眾人必須尊敬的對象，但幕府卻凌駕於其之上，成為了「不可或缺的存在」。

1 上皇頒發的詔書。

2 北條義時廢除京都守護一職，於京都六波羅（六原）六波羅蜜寺的南北各設一個管理京都政務的機關「六波羅」，兼署監察朝廷公家。

三位上皇的流放地

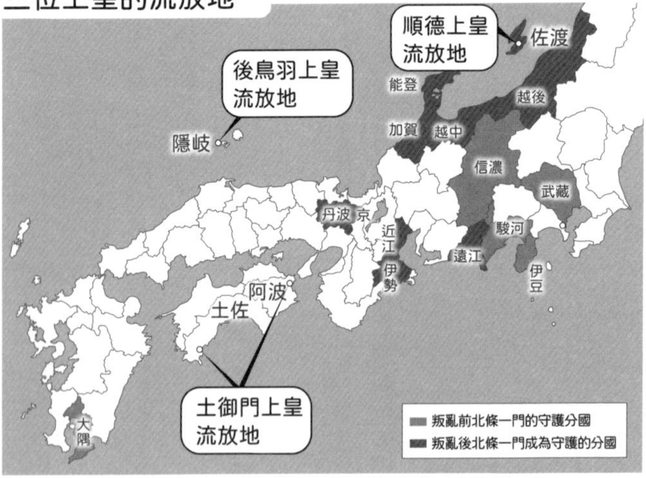

「武士的法律」誕生——北條泰時的政治

承久之亂後，獲勝的幕府開始著手處理戰後的各項事宜。首先，幕府設置全新的官職六波羅探題，並任命義時的兒子泰時坐鎮，嚴密監督京都御家人及西國的守護。幕府從上皇陣營中的貴族與御家人手上沒收的許多領地，都封給了幕府陣營有戰功的御家人，在此時成為地頭的人，皆被稱為「新補地頭」。幕府改變了過去地頭職的薪資制度，改為採用新頒布的「新補率法」。根據新補率法的規定，田畝每十一町（一町＝一公頃）中有一町作為給免田[3]，田地每一段（一段＝一反＝約十公畝）加徵五升米（現在的一升＝一．八公升，但此單位根據時代而有所不同），免交的租稅與加徵的米，即為新補地頭的收益基準。

在設置六波羅探題且東國御家人就任新補地頭之後，幕府得以深入西國，統治疆域亦大幅擴張，然而就在幕府仍然忙於處理戰後各項事宜的一二二四年（貞應三年），身為執權並確立北條氏優勢地位的北條義時卻在此時猝死。為了義時的繼承問題，他任職六波羅探題的兒子泰時，以及他的繼室伊賀氏之子北條政村因而對立。在這場權力鬥爭之中，泰時因為贏得了北條政子為首的幕府政要支持，得以登上了執權的寶座。

然而，到了一二二五年（嘉祿元年），由於北條政子、大江廣元等幕府重臣相繼離世，迫使泰時不得不盡快建立新的政治體制。

首先，泰時將藤原三寅[4]迎來鎌倉並改名九條賴經之後，便立年僅八歲的賴經為鎌倉幕府的第四代將軍。為了輔佐賴經，泰時新設了輔佐執權的職位「連署」，並任命自己的叔父北條時房擔任。連署與執權合稱兩執權，自時房以後，皆由北條氏一門中的有力者就任。

此外，泰時以過去賴朝死後開始的十三人合議制為原型，令執權、連署偕同有力御家人，以合議的方式針對重大事項和訴訟進行決策與表決，是為「評定眾」，成員由北條氏一門、大江氏與有力御家人所組成。

另一方面，地方上的紛爭也有激增的現象，包含因承久之亂而產生的宗族對立，以及新補地頭進入西國而產生的宗族對立與相關衝突等，皆需明確的判斷基準來協助仲裁。

為此，一二三二年（貞永元年）制定了「御成敗式目」（又稱為貞永式目）。御成敗式目是武家的第一部基本法典，其特徵是文字簡單，易於武士理解且重視武家社會的風俗習慣。

這部法典起初條文共有五十一條，制定時便規定須根據實際需求追加條文，後來確認於鎌倉時代追加的條文超過六百條。這些後來追加的條文被稱為「式目追加」，也稱為「追加法」。

一直到近代，御成敗式目依然相當受到重視，即使到了室町與江戶時代，御成敗式目仍被視為武家法典的基本。

泰時也積極介入朝廷與皇位繼承相關的決策。一二四二年（仁治三年），

御成敗式目（摘錄）

一　諸國守護人奉行[5]之事

右、右大將家（源賴朝）時期制定為大番[6]催促、謀反、殺害人（含夜盜、強盜、山賊、海賊）等事。

一　諸國地頭令抑留年貢所當[7]之事

右、抑留年貢之由，有本所（莊園領主）之訴訟者，需立即完成結算（決算）並請款。

一　即使有御下文（幕府頒布的本領安堵、新恩給與的公文書）不令知行，經年序（相當多的年分）所領之事。

右、當知行之後過二十年者，任大將家之例，不論理非、不能改替。

四條天皇突然去世，幕府在承久之亂後擁立的後堀河天皇一系因此後繼無人。此時，雖然九條賴經之父九條道家主張由順德天皇的兒子忠成王繼位，然而或許是因為順德天皇曾直接參與承久之亂的關係，泰時選擇擁立與承久之亂無關的土御門天皇之子邦仁親王（後嵯峨天皇）。雖然此一結果導致幕府與推舉忠成王的道家之間的關係惡化，歸根結柢，泰時不過就是秉持著戰後處理的原則行事罷了。

此外，泰時更積極參與後嵯峨天皇的即位，使幕府與朝廷關係更加緊密。另一方面，他也積極為頻繁發生的饑荒問題尋找對策，並致力於鎌倉的都市開發及整合交通網絡。泰時於一二四二年（仁治三年）逝世，他解決了承久之亂後百廢待舉的情況，建立起以幕府為根基的政治運作系統，他在真正意義上確立了執權政治的運作模式，被後世評價為確立執權政治體制的關鍵人物。

後世對泰時的評價，最早可追溯至南朝重臣北畠親房的歷史著書《神皇正統記》，他不僅盛讚泰時的政治手腕與人品，更寫下「如果世上不曾有賴朝與泰時這樣的能人，就沒有現在的日本」，來表達對泰時的高度評價。更甚者，後來在日本近世的江戶時代末期，受到京都的公卿、尊王派勢力以及太平洋戰爭時的皇國史觀影響，更進一步提高了泰時的後世評價。

無論敵我雙方都給予高度評價的泰時，正如埃及埃宥比王朝的創始者薩拉丁以公正的態度對待敵對的十字軍一般，也在鎌倉幕府成立時期起了類似的關鍵作用。

3 免除上繳年貢的田。
4 來自攝家，為出自公家藤原氏嫡派的家族。
5 奉行：守護之權限。
6 大番：先前提過的京都警備職。
7 貢所當：需收取的年貢。

此時此刻的世界大事？

1214年萊格尼察戰役爆發

成吉思汗建立的蒙古帝國急速茁壯，其孫拔都在征服俄羅斯之後率軍西征東歐。蒙古帝國在萊格尼察一役（Battle of Legnica）中擊敗德國與波蘭組成的聯軍，震驚了歐洲各國。

克服危機的政府——北條時賴的政治

泰時死後，執權之位原本預計由他的兒子北條時氏繼任。泰時生前也對時氏抱有相當大的期待，但是當時氏一結束六波羅探題的任期返回鎌倉，卻忽然病發，就這樣離開了人世。由於泰時沒有其他兒子能夠託付後事，只好由時氏之子、同時也是泰時之孫的北條經時就任第四代執權之位。

經時成為執權之後，便開始著手改革與審訊相關的評定制度。一二四三年（寬元元年），經時將評定眾分為三組，試圖加快審理速度。按照慣例，臨時判決書須由將軍過目後，才能發布正式判決，然而經時更改制度，刪去了上述提到的將軍確認程序。

事實上，當時的幕政被兩大派系一分為二，一派是以執權為首的北條家本流（得宗家），另一派則是以將軍藤原賴經為中心的反對勢力。雖然藤原賴經當初只是一個被迎來的空殼將軍，然而他卻開始對將軍一職產生強烈自覺，進而積極參與政治，這也導致他與掌握政治實權的得宗家產生了衝突。

為了與在政治上占有優勢地位的得宗家抗衡，賴經身邊組成了一個由北條家名越氏、三浦氏、千葉氏、大江氏與三善氏等組成的龐大集團。

但是到了一二二四年（寬元二年），賴經卻突然把將軍的寶座讓給了自己的兒子九條賴嗣。雖說把將軍之位傳給兒子，可謂最和平的傳位手段，然而此時二十七歲的賴經明明正值盛年，卻將將軍之位讓給年僅六歲的賴嗣，這樣的舉動實在相當不自然。若不出所料，此次讓位的內情，起因於賴經一派在幕府的勢力逐漸成形，而忌憚於此的北條經時便將他拉下將軍之位，藉此削弱賴經的勢力。

結果，雖然賴嗣確實即位為第五代將軍，但賴經卻未回歸京都。滯留在鎌倉的

將軍派與執權派的對立示意圖

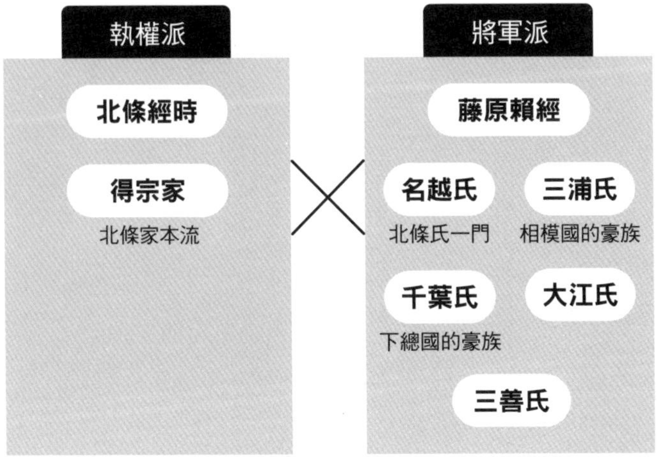

賴經以「大殿」的身分發揮作用，支持他的御家人也相當多，眼看著賴經與經時之間的對決一觸即發。

然而就在此時，經時得了重病，他深知自己命不久矣，便召開只有親信才能參與的祕密會議「季合」[8]，並藉此機會將執權之位讓給了自己的弟弟北條時賴。時賴臨危受託，他該如何跨越這個複雜的狀況？想必這對時賴來說定是個絞盡腦汁的難題。

一二四六年（寬元四年），就在執權之位剛完成交接之際，鎌倉迎來了一場動亂。以九條賴經與名越光時為中心的反對集團，終於走到了計劃除掉時賴這一步。然而，時賴卻提前察覺了他們的計畫，早一步領兵壓制了賴經的御所與整個鎌倉，使這場叛亂最終沒有發展為大規模的戰事。結果賴經被逐出鎌倉，而光時則被迫出家。

此外，評定眾的成員之中與賴經關係密切的千葉氏與三善氏遭到除名，而私下向時賴明確表達支持的三浦氏則免去一切責罰。

這場被稱為「宮騷動」或「寬元政變」的一連串騷動，也就此暫時落幕。

不過值得一提的是，三浦氏與時賴的外戚安達氏對立了起來，兩者之間的緊張關係更是逐漸攀升。

一直以來，這場對立的情勢看似與時賴聯手的安達氏試圖削弱三浦氏的勢力，然而事實上，時賴卻處處小心翼翼、盡可能不與三浦氏交惡，從這一點可以看出，時賴其實並不想除掉三浦氏。或許安達氏的作為與身為執權外戚的身分無關，純粹是因為對安達景盛來說，三浦氏就是個絆腳石，才會暗中謀劃消滅三浦氏。

安達氏多次挑釁三浦氏，到了一二四七年（寶治元年），三浦氏一方也著手備戰。事已至此，時賴也不得不開始準備與三浦氏一戰。但是，時賴還是希望能夠避開武裝衝突，他向敵對陣營的三浦泰村拋出橄欖枝，送出一封呼籲和平的書信。可惜的是，擔任信使的御內人（直屬於得宗家的家臣）平盛綱還未捎來回音，安達氏便按捺不住開打了。

這場開始得令人「始料未及」的「寶治合戰」最終由

此時此刻的世界大事？

1243年欽察汗國建立

蒙古帝國的皇帝窩闊台汗死後，成吉思汗之孫拔都停止西征並撤軍東歐。拔都撤軍後並未回歸蒙古，而是在俄羅斯南部到中亞之間的廣闊領土上，建立了欽察汗國（Golden Horde）。

三浦氏畫下句點。三浦軍剩餘的人馬逃入法華堂（名稱由來於源賴朝之墓，位於今神奈川縣鎌倉市）後堅守於此，最終全員自縊。寶治合戰波及人數甚廣，鎌倉內外包含千葉秀胤、關政泰、宇都宮時綱與佐野實綱等，素來與三浦氏交好的有力御家人，戰後不是被迫自殺，便是被追殺致死。

一二五一年（建長三年），與北條氏關係密切的御家人足利泰氏未經幕府許可擅自出家，被以「自由出家」之罪沒收其領地，千葉氏與九條家及其親信則因策劃謀反而受到懲罰。

翌年，九條賴嗣的將軍之職終被解除，由後嵯峨天皇的兒子宗尊親王繼任將軍。「泰氏、謀反者、懲罰賴嗣」等一連串的事件，就時間點來看，很可能是為了排除時賴而策劃的陰謀，因而被稱為「建長政變」。

然而，此一連串事件卻反而讓時賴進一步鞏固北條氏的優勢地位，使得宗家完全掌握了政治核心，時賴也因此成為「得宗專制」時代的第一人。

寶治合戰之後，時賴擁有了穩定的政治基礎，開始著手各項改革，他設立新的裁決機關「引付」，以解決訴訟持續延宕的問題，也改革了御家人負擔沉重的京都大番役，更積極援助西國御家人。

除此之外，以民眾生活安定為目標的「撫民」之治，也是時賴政治的特徵。包含針對雜人（一般平民）加快訴訟速度，制定法律來遏止地頭、御家人的暴政，以及減少年貢（稅金）等，都是時賴治世下的政策。

除了上述之外，時賴也施行了其他多項政策，完整履行了他的執權之責。一二五六年（康元元年），時賴因病辭去執權一職後出家。即使如此，此後幕府實權宛如朝廷院政一般，仍然整握在時賴手中。

時賴崇尚節儉，篤信佛教，奉「撫民」為政治信條的他，出家後化身旅僧，前往各國微服出巡，途中救濟窮人，留下一段「迴國傳說」之佳話。同一時期，中國的南宋、朝鮮的高麗等東亞諸國皆暴露在蒙古帝

此時此刻的世界大事？

1250年馬木路克蘇丹王朝於埃及建國

馬木路克（Mamluk）是由土耳其奴隸組成的軍團，為埃宥比王朝服務。他們逐漸成為比埃宥比王朝更加強大的軍事統治集團，並在後來發起政變。結果，埃宥比王朝解體，馬木路克接收了埃及的政權，建立了馬木路克蘇丹王朝（Mamluk Sultanate）。

國的威脅之下，而時賴卻能安定日本國內政治並穩固執權政治體制，扮演了相當關鍵的角色。

後來，執權之位被移交給了北條重時的兒子北條長時，他雖非出自得宗家一系，卻因任職連署時深受時賴信任而獲拔擢。北條長時死後，由北條政村升任執權。不過很明顯的，長時與政村都算是「銜接的執權」，是得宗家的權宜之計。由於當時時賴的兒子北條時宗仍然年幼，因此得宗家的成員都期盼他能盡快成長，以便接掌執權之位。

8 在後來的時賴執權時代，以評定眾為中心的合議制度之變形，是時賴聚集最信賴的親信商討合議的祕密會議。

「中華秩序」的樣貌——東亞的冊封體制

在一般人的印象當中，日本與其他國家的關係往往與西方聯想在一起，例如戰國時代日本與西班牙、葡萄牙之間的交流，幕末與美國等西方列強的交流等。不過基本上，日本自古以來便是東亞世界的一員，而當時東亞的中心是中國。

中國與日本的關係最早可追溯到彌生時代，由大陸渡海而來的人將農耕文化傳入日本。當時日本的狀況，在前漢書、後漢書等史書中皆有記載。

當時的東亞世界是個「以中國為中心的世界」。中國的文明自西元前五千年左右開始，發源於黃河、長江一帶，後來誕生了秦（西元前二二一年～二〇七年）、漢（西漢：西元前二〇二～西元八年；東漢：西元二五年～二二〇年）等大國。強大的中國吸引周邊國家前來學習，中國本身也樂見其成。

結果，中國因此自詡為世界的中心，看輕其他文化與價值觀，「中華思想」於焉誕生。而周邊國家則以中華思想為基礎，盡全力以中國的文化為範本發展自己的國家。

當時，世界各國的交流形式呈現以中國為中心的獨特樣貌。一般來說，貿易指的是平等的雙方互相進出口彼此的貨物，但是當時中國與周邊國家卻是「朝貢貿易」，由周邊諸國向中國獻上貢品，而中國則回贈禮物。貢品與回贈禮物絕非對等的貿易行為，兩者的關係昭然若揭。這些崇拜天朝大國的「落後國家」表示對宗主國的順服，而有德的君主便會認可這樣的行為。以上述關係為基礎而建立的國際體制，便是所謂的「冊封體制」。

八九四年（寬平六年），菅原道真提議停止派出遣唐使，日本與中國、朝鮮半島之間的國與國正式交流就此中斷。這個決定並非源自於與唐國之間的關係惡化，而是因為當時包含唐國在內，東亞世界正處

唐的朝貢、冊封體制

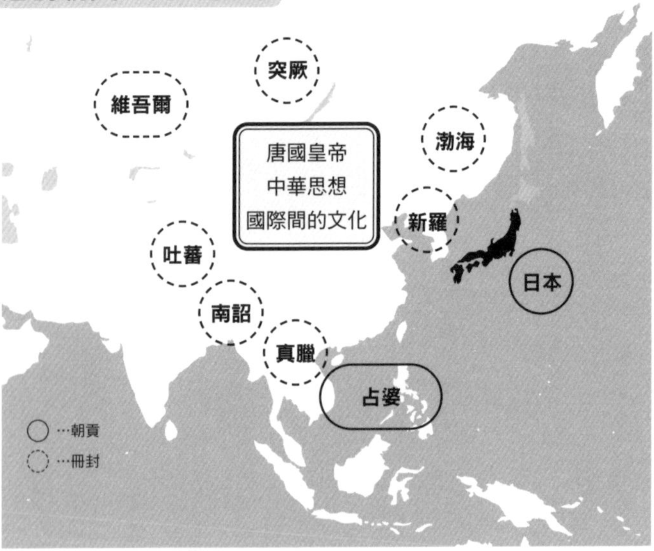

於動盪的時代，若日本繼續以國家層級與唐國深化關係，很可能會面臨威脅。話雖如此，日本與中國之間的非正式交流並未停止，依然相當蓬勃。不僅日本僧侶頻繁出訪宋國，民間也積極往來貿易，而朝廷亦未積極管制相關的交流行為。

到了平安時代末期，平清盛積極與宋國展開貿易，這也連帶影響了鎌倉幕府的貿易狀況。雖然就形式上來說，仍非國與國之間的貿易，然而從南宋來訪的僧侶，後來卻成為日本佛教發展中不可或缺的重要存在。

迅速崛起的小型遊牧民族——元的發展與應對方式

接下來要談到蒙古帝國（後建國號為「元」）的發展以及接觸日本的過程。

在蒙古帝國成立之前，蒙古各部落以游牧為生，彼此之間的紛爭衝突不斷。其中，鐵木真雖出自小規模的部族，但是當他成為該部落的可汗之後，卻一口氣統一了蒙古。

鐵木真先後征服了各個部落，成為蒙古高原的霸王，後改名尊號為「成吉思汗」。「汗」是北方遊牧民族對君主的稱號。一二〇六年，成吉思汗登基，建立了遊牧民族的強盛國家「蒙古帝國」。隨後，蒙古帝國先後攻下中國的金與中亞的西遼（今突厥斯坦附近），更征服了雄踞中亞的花剌子模王國（版圖橫跨西亞到中亞）。

成吉思汗死後，繼任者窩闊台並未停止擴張勢力的腳步，在滅了金之後，他征服南俄羅斯，甚至入侵了東歐。

窩闊台汗死後，歷經蒙哥汗時期[9]，蒙古人在侵略的土地上建立起強大的獨立國家，並由成吉思汗的後裔所統治。

蒙哥汗死後，自立為蒙古大汗的忽必烈在繼承權爭奪戰中搶得先機，後改國號為

「元」。忽必烈為了加強對歐亞大陸東部的統治，一方面強化對南宋的攻勢，同時平定了高麗。在此之後，忽必烈的野心開始延伸至與南宋積極貿易的日本。

另一方面，當時的日本仍是鎌倉幕府時代，由連署北條時宗輔佐執權北條政村，他們於一二六六年（文永三年）暫時停止引付的運作，並削弱評定眾與合議制的權限，使執權、連署大權獨攬的狀況更加顯著，因而引發了外部勢力的反彈，正是幕府的統治基礎開始動搖的時期。

元帝國的忽必烈透過高麗開始接觸日本。一二六八年（文永五年），忽必烈派遣使者向幕府送來了一封國書。

13 世紀的東亞

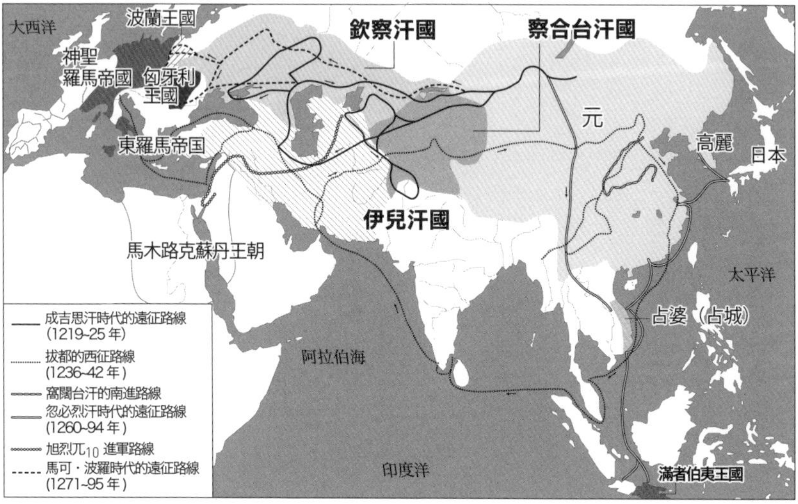

乍看之下，這是一封元帝國希望與日本保持平等密切的關係而送來的建交請求書信，書寫口吻也相當溫和。然而，從信中提到「我國與高麗的關係猶如親子」一文看來，表明了元實質上的目標是像平定高麗一樣平定日本，並且暗示若日本不領情，將不惜採取軍事行動。

日本收到這封國書之後，幕府首先詢問朝廷的意見，朝廷經過深思熟慮，最後由後嵯峨上皇決議採取「不回覆並遣返使者」的作法。這表明了朝廷將不惜與元一戰的立場，幕府也以與元開戰為前提，展開備戰工作。

此時的幕府執權，是年僅十八歲的北條時宗。

隨後，蒙古多次派遣使者來日，甚至連朝廷都重新考慮是否回信之時，時宗仍以堅決的態度拒絕。相對的，為了防範元帝國，時宗於一二七二年（文永九年）命九州守護加強守衛筑前、肥後等地（今九州北部），接獲命令的豐前（今大分縣）守護大友賴泰便動員麾下的御家人前往指定地點固守。此一工作隨後制度化為「異國警固番役」一職。

除了「外患」，時宗更面臨了「內憂」，也就是來自於內部的威脅。在稍早的一二六六年（文永三年），「親王將軍」宗尊親王突然被逐出鎌倉。

有一說認為，宗尊親王在強烈自覺到自己的將軍地位之後，因涉嫌謀反威脅到得宗家的權力，因而被判流放。此外，一二七二年（文永九年），身為評定眾一員的名越時章之弟名越教時遭時宗的家人殺害，而幾乎在同一時期，時宗有一名於京都任職六波羅探題南方（六波羅探題分為南方、北方，北方為上席）的異母弟弟北條時輔，也在此時遭到殺害。兩起殺害事件皆被歸因為「意圖謀反」，卻仍舊疑點重重。值得一提的是，後來幕府裁決「時章的罪名有誤」並洗清了時章的罪名，當時討伐時章的人也反過來被處罰。

無論如何，這兩起殺害事件很可能都起因於他們威脅到北條時宗的地位。尤其是時輔，以他在家族中的地位，未來恐怕會成為反得宗家派的旗幟；而名越家則是一直以來都與得宗家不和。當宗尊親王被流放，

此時此刻的世界大事？

1265年孟福爾議會召開

當時，英格蘭國王亨利三世與孟福爾等貴族之間衝突不休，內戰結束時，亨利三世被俘。隨後，孟福爾召開議會（Simon de Montfort's Parliament），都市裡的所有居民皆可參加。有人認為這便是現代英國國會的起源。

名越教時曾試圖舉兵。除此之外，由於名越時章當時一人獨攬九州三國（筑後國、肥後國、大隅國。分別位於今福岡縣南部、熊本縣、鹿兒島縣東部）的守護職，因此也有說法指出，時宗的目的是取回九州的守護職，以便為蒙古入侵做準備。

這一連串的事件史稱「二月騷動」，幕府在叛亂真正發生之前得以防範於未然，總算是設法整合出一個舉國上下備戰元帝國的備戰體制。而元在擊退高麗的反叛軍「三別抄」[11]與來自南宋的威脅之後，也完成了入侵日本的準備。

9 窩闊台汗與蒙哥汗之間還有一個貴由汗，僅在位兩年。

10 旭烈兀是伊兒汗國的建立者，曾經西征到巴格達與大馬士革（當時由埃宥比王朝統治）。

11 三別抄：高麗時代一支遂行警備與戰鬥任務的特殊部隊，是左別抄、右別抄與神義軍的統稱。「別抄」的本意為「精銳部隊」。

與世界最強帝國開戰——蒙古襲來

一二七四年（文永十一年）十月三日，元放棄以外交手段交涉，組織了一支混有高麗軍在內的三萬聯合大軍並派往日本。元軍首先襲擊守護少貳氏所統治的對馬國（今長崎縣），守護代宗資國率兵迎擊後遭殲滅。很快的，元軍攻入壱岐島（今長崎縣），雙方一番激戰之後，日軍遭到壓制。

十月二十日，元軍由朝鮮半島出發僅十七天後，便登陸博多灣沿岸各地並對日軍發動攻勢。另一方面，幕府命九州北部的守護少貳資能與大友賴泰等人前往整合並展開防禦陣線，元日雙方在博多港一觸即發，這便是「文永之役」的開始。

幕府軍主要以騎馬武者進行一對一作戰，然而元軍卻採用集團戰術搭配在箭頭塗毒的毒箭及被稱為「鐵炮」的火藥兵器，令幕府軍陷入苦戰。鎌倉時代後期的繪卷《蒙古襲來繪詞》，便詳細描繪了這場戰爭的樣貌，以及御家人竹崎季長活躍於戰場的英勇身姿。

戰爭爆發僅僅一天，蒙古軍便占領了博多（今福岡縣），幕府軍被迫撤退至太宰府

（今福岡縣）。然而，在幕府軍仍持續準備迎戰部隊之時，發生了一個導致元軍連夜撤退的突發事件。

就在前一夜，由於一陣大風猛然侵襲，遭到重挫的元軍撤退，後世皆傳聞這是日本眾神所吹起的一股「神風」。

不過近年來，針對這場文永之役，學界出現了許多批判這類傳統思考模式的觀點，其中首當其衝的便是「神風說」。

舉例來說，文永之役發生在十月底，相當於現代曆法的十一月底。九州在這個時期被暴風雨襲擊的可能性

文永之役的進軍路線

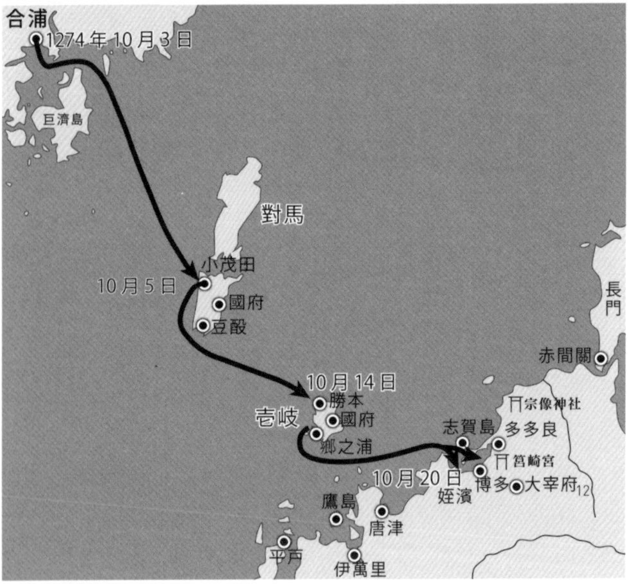

極低。有一種説法認為，即使元軍確實因暴風雨遭受了一定程度的損失，卻是在撤退途中的海上遭遇暴風，故此事並非他們自博多撤退的主因。由於撤軍的時間點明顯過早，另一種説法認為文永之役時，元軍本就意在偵查武力，而非侵略。也有人認為元軍沒有想到幕府會如此激烈抵抗，再加上元軍是一支由多國士兵組成的聯軍（元、高麗與南宋等），內部的意見紛歧也導致士氣低落，因而不得不做出撤軍的決定。元軍撤退的理由至今未有明確定論，無論如何，元軍暫時從日本撤軍是毫無疑問的事實。

元軍撤退後，幕府仍然難以放鬆戒心，因為元帝國捲土重來的可能性非常高。

為了在第二次蒙古襲來之前做好準備，時宗進一步強化了異國警固番役的功能，他令九州武士根據守護的指揮，輪流負責九州北部的警備工作。針對可能再次成為元軍攻擊目標的博多灣沿岸，幕府則修建了一座大規模的石造堡壘。此外，幕府更透過安排周防（今山口縣東部）、安藝（今廣島縣西部）等地的御家人擔任「長門警固番役」，針對本州最西端的長門（今山口縣西部）進行加強防衛的工作。以此為契機，地位變得更為重要的長門國守護，從此時起被稱呼為「長門探題」。

幕府更向山陽、山陰與南海各國的守護發布「本所一元動員令」。命令的內容是

「我國與元的戰爭開始了。若是元軍進犯，各守護除了需聚集國中的地頭、御家人，也需集結本所領家一元地的居民，一同擊退外侮」。所謂「本所領家一元地的居民」，指的是不受地頭管轄的莊園居民，他們被稱為「非御家人」，是一群隸屬於朝廷、不受幕府管轄之人。幕府透過這道命令，將他們在文永之役沒有動員到的非御家人也納入了此次的動員對象。

另一方面，元帝國雖然再次派遣使者到日本，時宗卻斬殺該使者，向元國澈底表明幕府堅決抗戰的立場。

時宗更進一步安排北條一門與安達氏接掌由九州至山陽道的所有守護職。事實上，時宗所做的準備不只為了擊退來襲的元軍，甚至計劃先發制人，越過朝鮮半島向元帝國統治下的高麗進攻。因此有說法認為，時宗之所以一口氣替換九州到山陽道的守護，是為了開闢一條輸出軍隊的道路。雖然這個計畫最終落空，卻能看出幕府並不甘於單方面忍受蒙古的入侵，也曾積極嘗試向外出征。

一二七六年（建治二年），元攻滅了南宋，勢力變得更加壯大。一二八一年（弘安四年），元帝國集結規模更加強勢的軍容再次派兵日本，包含多達四萬人的元國高麗聯軍（東路軍），以及約十萬左右的南宋軍兵（江南軍），兵分兩路由各自的所在地出發，這便是蒙古的第二次入侵——「弘安之役」的序幕。

可惜元軍一方的兩股軍勢東路軍與江南軍的步調並不一致，東路軍一時之間陷入不得不孤軍奮戰的境地。且由於幕府率先修築的防禦堡壘，元軍無法由博多灣登陸，再加上御家人積極登船發動攻擊等，幕府軍展現了有別於上次的積極戰術。

陷入苦戰的東路軍隨即將兵力撤往已占領的壱岐，以便與江南軍會合並重整軍勢。戰爭爆發月餘，兩支軍隊終於會合並一起轉往適合停泊大型艦隊的松浦灣鷹島（今長崎縣松浦市），並於此重新擬定進攻計畫。

不幸的是，元軍卻在此遭遇暴風雨，嚴重打擊了

此時此刻的世界大事？

1282年西西里晚禱起義

晚禱起義（Sicilian Vespers），是一場發生於義大利西西里島的叛亂，起因是島民反對法國安茹—西西里王朝（Capetian House of Anjou）的統治。在晚間彌撒敲響的鐘聲之中，大量的法籍居民遭到屠殺。此事件讓義大利人民族主義的情緒高漲，因而聞名。

元軍的艦隊。根據今天的曆法，該事件發生在九月中旬，應可推測為颱風造成的損害。

元軍甚至無法全身而退。元氣大傷的元軍遭到幕府軍隊的猛烈攻擊，生還歸國的人數約為出兵時的十分之一至十分之二，元帝國第二次進攻日本的結果是前所未有的巨大慘敗。而幕府軍之所以能於弘安之役獲勝，最大的功臣並非暴風雨，而是能夠確實發揮作用的防禦體系。

反觀元帝國這一方，由於集結的軍隊士氣低落，彼此之間的步調也不一致，暴露了只有多國聯軍才有的致命弱點。

暴風雨誠然讓日本有如天助，但幕府已經為了戰事做好萬全的準備，因此元在士氣上也已然敗下陣來。

12 大宰府是當時律令體制下的名稱，現今的地名（行政名）則為太宰府。

《蒙古襲來繪詞》局部（弘安之役）

column 4

從「海洋」探索蒙古襲來的歷史

隨著水下考古學的發展，遺物陸續自海裡現蹤

一直以來，蒙古襲來的研究根據，主要來自《蒙古襲來繪詞》等繪卷、城牆遺跡以及書狀等文獻史料。然而近年來，元帝國的軍船在戰事時「沉入水中」這項事實開始受到矚目，使得透過「水下考古學」讓沉睡於水中的元軍遺跡重見天日等相關的研究方向日益盛行。

弘安之役，多數元軍船成為鷹島（長崎縣）附近的水中遺跡，而這些水中遺跡也成為學界調查的對象。一九八〇年代開始，經過全面的調查，發現了許多蒙古襲來的相關遺物，包含中國製的陶瓷器等。

而且從二〇〇六年起，利用聲納探測裝置進行海底探勘已成為可能，人們得以更有效率地調查水下遺跡。二〇一一年，元軍船「鷹島一號沉沒船」終於又再次出現在世人眼前。

這個消息立刻引起全日本的關注。二〇一二年，發現元軍船的海域被指定為國家級史蹟

被發現的鷹島一號沉沒船

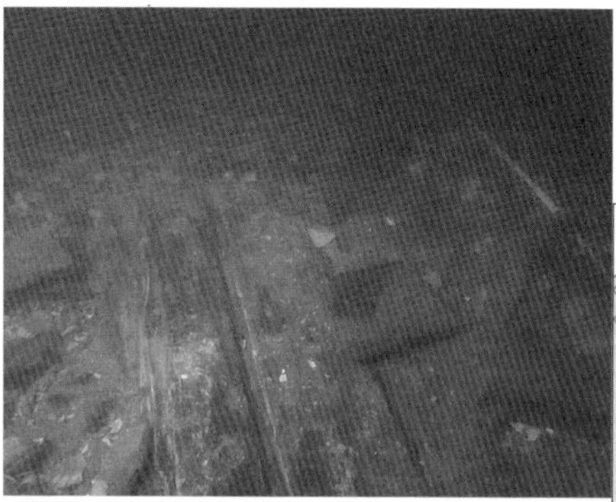
照片提供：國學院大學研究開發推進機構　池田榮史

「鷹島神崎水中遺跡」。

鷹島一號沉沒船的發現，驗證了現有的史料文獻，成為了研究當時元軍狀況的重要線索。

在隨後的調查之中，研究團隊又發現了「鷹島二號沉沒船」。二〇二一年，長崎縣松浦市為「打撈木製船錨」，透過群眾募資的方式籌措資金並成功達標。今後，鷹島神崎水中遺跡將如何發展，令人拭目以待。

鎌倉時代的偉人 ❸

奠定執權政治的基礎

北條義時

Yoshitoki hojo

1163～1224

「就結果來說」，主導了幕府的政治走向

身為鎌倉幕府的第二代執權，傳統對於北條義時的歷史評價，是一個掌握鎌倉幕府實權，並從反動的御家人、朝廷甚至是將軍手中奪取權力之人。但是在近年來的研究之中，卻開始重新審視過去義時被賦予的人物形象。義時真的是個以極端惡劣的手段奪取權力的人嗎？

就結果來說，義時終究侍奉於將軍家，扮演著支持幕府將軍的角色。當幕府接連陷入和田合戰、源實朝暗殺及承久之亂等危機，義時一一應對，並做出了相應的危機處理。

也就是說，隨著義時成功應對各種危機，使他的權力最終被不斷強化；因此這建立權力過程的評價，可以說是一種「結果論」。

從這個意義上看來，或許義時反而是「被時代翻弄命運的人」。

第四章

鎌倉的文化與社會

追求武藝極致是硬道理——武士的生活

截至目前為止的章節，主要的關注焦點是鎌倉時代的政治。從這一章開始，焦點將轉移到鎌倉時代的社會與文化。

鎌倉時代的武士平常都過著什麼樣的生活呢？他們在自己的屬地興建「館」，並在周圍修建溝渠或土壘來提高防禦力。據說面積較大的館甚至占地十町，約等於兩個東京巨蛋那麼大。由於「館」也是武家當主居住的地方，因此當主便是「居住在館裡身分高貴的人」，也被稱為「御館大人」。

館的內部與周圍都有田地，「下人」與「所從」[1]負責農地的耕作，武士則有權監督他們的工作。

那麼武士除了負責打仗、監督農作之外，平常還會做些什麼？

他們把大部分的時間都花在「訓練武術」上。

騎馬射箭的訓練，就是武士日常訓練的一項。其中，「騎射三物」特別受到武士的重視，分別是對著標靶射箭的「笠懸」、「流鏑馬」，以及追著跑動中的狗放箭的「犬追物」。

除此之外，武士還會舉辦大規模狩獵，「卷狩」就是其中一種。透過上述這些訓練，以磨練自己的武藝。

這些訓練不僅是軍事訓練的其中一個項目，更被賦予了「神事」的意義，尤其是流鏑馬神事，即使到了現代，也經常被視為祭儀的一環，於各種祭祀之中舉辦。

另一方面，除了源實朝這類頻繁與京都交流的武士之外，一般認為武士的教養與知識水準普遍偏低。他們不吟詠和歌也不踢蹴鞠，甚至沒有能力閱讀較難的文章，這一點從武士的基本法典《御成敗式目》全篇皆由簡單的文句寫成便可推知一二。

因此，他們對京風文化毫無興趣，反而

建立起一套更貼近武士生活的價值觀。這便是所謂的「兵之道」，其基本理念是以「忠」侍奉主人、以「孝」維持家族團結，尚武之武士皆應奉為圭臬。不過，這裡提到的「兵之道」與一般人想像中的「武士道」並非同一概念。雖然兩者之間仍有共通之處，如「每日皆需精進武藝」就是其一，然而象徵武士道的「對主君絕對忠誠」與「背叛是懦弱的表現」等價值觀，卻是到了江戶時代之後才被納入體系之中。而且鎌倉武士面對的是一個戰爭近在咫尺的世界，江戶武士則是生於和平的時代，因此雖然他們都崇尚精進武藝，兩者之間卻存在著相當大的差異。

鎌倉武士為了尊崇兵之道，使他們擁有相當強烈的「節儉」意識，因此日常穿著與平安時代的庶民無異，皆以「直垂」[2]為主。他們的膳食也相當質樸，住宅則是一種被稱為「武家造」的建築樣式，結構相當簡單。如此看來，武士的文化與京都豪華絢爛的貴族文化便形成了強烈的對比。

描繪鎌倉時代武士生活的《男衾三郎繪卷》一書中，以勤於文藝的哥哥吉見二郎與崇尚武勇的弟弟南衾三郎互為對比，描繪了三郎強調「武士為藝術傾倒有什麼出息」的思考模式，充分顯示出當代武士的價值觀。

話雖如此，他們也並非只是終日訓練。除了將騎射三物視為娛樂之外，武士也樂於舉辦酒宴，聚在一起交流享樂。

接下來，將稍微觸及鎌倉時代的武士在日常生活中經常面臨的「訴訟」。鎌倉幕府的歷代將軍與執權之所以不斷改革仲裁制度，原因來自於武士之間總會發生許多紛爭矛盾。特別是各地的地頭與莊園、公領的領主之間彼此對立的狀況頻繁，領主們便會向幕府投訴地頭的蠻橫行徑。

此時，幕府有必要做出公平的裁決。地頭隸屬於鎌倉幕府的統治體系之下，而領主則受封於朝廷，這兩者之間的訴訟，以地頭敗訴坐收的例子並不稀奇。

鎌倉時代武士的日常服裝

然而，即使在訴訟之中敗訴，並不代表地頭就會乖乖追隨領主。這是因為直到鎌倉時代中期，都沒有「強制執行」的機制，因此就算勝訴，實際上原告還是需要靠自己的力量奪回權利，且被起訴的人之中，也會出現故意裝傻與死不認錯的人。為了防止進一步的糾紛，領主也不得不做出一些妥協，例如將莊園委託給地頭管理並收取「地頭請」作為年貢，或是採取將土地分為兩等分的「下地中分」等方式來解決。

透過這些方式，固然強化了地頭的統治權力，卻也使幕府的仲裁機能因為訴訟數量過多而頻臨崩潰。於是，幕府便開始鼓勵「和與」，透過令雙方達成和解並由幕府正式認可，不啻為一種解決問題的方法。

1 下人、所從都是隸屬於武家的人民，兩者的身分階級相當。

2 直垂在古代到中世紀為止，是為庶民及武士的上衣，到了中世紀末期，才逐漸變成武家專用的禮服。

對抗饑荒的拉鋸戰——鎌倉的農業

「農業」，尤其是稻米的產量，其重要的程度足以左右整個社會的動向。被稱為「名主」的上級農民，便是農村社會之中經營農業的核心。名主與武士一樣，也有「下人」與「所從」負責耕作農地，但他們還會將剩餘的土地委託給被稱為「作人」的小農耕種。

然而，鎌倉時期的農村卻面臨了嚴重的饑荒問題。大規模的饑荒始於執權北條泰時執政下的一二三一年（寬喜三年），也就是所謂的「寬喜大饑饉」。在饑荒發生前一年，美濃、信濃、武藏（分別是現今的岐阜縣、長野縣、東京都、埼玉縣、神奈川縣的一部分）等地發生了夏季降雪的情形，冬季則相對溫暖，京都周邊甚至發生了櫻花盛開的現象，是氣候異常的一年。極端氣候導致全國農作物歉收，從一二三一年春夏開始，飢餓死亡的人數迅速增加。另一方面，京都也在同一時間爆發了流行病。

泰時得知狀況後，便向伊豆、駿河（今靜岡縣）兩國下了一道「讓富人出借稻米」的命令。此時，由於農民深受飢餓之苦，即使借米給農民，也不保證富人能收回這些米，因此泰時宣布若農民無法償還稻米，自己將會代為償還。

另一方面，朝廷雖然也實行了應對饑荒的措施，但是為了祈求平息饑荒，朝廷派出八百餘人前往伊勢，他們的旅費成為途經的近江（今滋賀縣）、伊勢（今三重縣）等國的負擔，最終反而導致人民更加困苦。

就在農村充滿飢餓人口之時，泰時頒布了一項驚人的法律，「若富人買下飢民，因有養育之功，將允許直接視之為奴」。也就是說，幕府認可人口買賣為合法的買賣行為。

當然，泰時制定這項法律的目的並非積極推動人口買賣，他雖意識到人口買賣的壞處，卻仍頒布這項命令作為應對饑荒的臨時措施。因為只要富人買下飢民為奴，賣身的奴隸就有飯吃。一旦禁止人口買賣行為，飢民就會活活餓死。泰時將「人口買賣之惡」與「飢民不斷餓

此時此刻的世界大事？

1231年花剌子模王國滅亡

花剌子模王朝的勢力崛起於中亞，最鼎盛時期的統治勢力曾涵蓋西突厥斯坦至伊朗全境，是伊斯蘭世界的強國。然而，因為無法抵禦來自東方的蒙古帝國侵略，最後滅亡於1231年。

死」放在天秤上權衡，做了這個不得不為的決定。一直到一二三九年（延應元年）四月，人口買賣才被幕府下令禁止。由此可見，「寬喜大饑饉」對社會的影響，竟然延續了十年之久。

就在幕府好不容易克服了寬喜大饑饉之際，卻在一二五八年（正嘉二年）再次陷入農作物嚴重歉收的窘境（正嘉大饑饉）。

人民不斷餓死加上流行病肆虐，除了百姓四處逃亡，地震、洪水與火災等災害也在此時相繼發生。由於損害過於巨大，甚至出現「日本失去了三分之一的人口」以及「一個少女比丘尼在京都啃食死人」等離譜的謠言。幕府雖制定了一些對策，如允許人民到山上與海裡採集天然食材，這在過去是被嚴格禁止的，卻仍無法從根本上解決問題。

此外，自古以來只要發生觸霉頭的不幸事件，幕府就有更改年號的習慣，然而在一二五六年（康元元年）到一二六一年（弘長元年）這六年間，幕府五度更改年號卻仍然無法穩定動盪的社會局勢。

如此這般，鎌倉時代雖然屢遭災難變故，卻在農業技術上取得了飛躍性的發展。

首先，以畿內地區為中心，在不種稻的時期種麥的「二毛作」農法開始普及，提升了有限土地上的農業效率。即使到了現代，這種農業技術依然通用。鎌倉時代也在農業技術上追求創新，不僅改良了稻米的品種，還透過改變肥料來增加稻米的產量。

此外，為了提高耕作與收穫的效率，他們開始運用牛、馬協助耕作，且推動農具普及，讓所有農民都可以使用農具，更挖掘灌溉用的池塘並興建水車。

如上所述，由於農業生產力提高，農村開始產生「農民自立」的結構變化。過去，作人所耕作的土地由莊園領主分配而得，下人、所從更須聽從領主的命令而耕作。但是在農業生產力提高之後，不僅作人紛紛獨立，下人、所從也逐漸往作人的

鎌倉時代的農業進展

栽培方式	種植米與麥的二毛作農法普及。部分農民開始改良稻米品種，並栽培紫蘇等作物代替種植麥類。
肥料	傳統肥料「刈敷」是以人類排泄物混合雜草掩埋在土中腐化而成，此時開始改以燃燒草木而成的肥料「草木灰」取代。→產量增加
耕作	運用牛、馬作為耕地的勞動力，使其拉犁耕地。→減少勞動時間
農具	人們用鐵鍬與鋤頭耕田，牛馬拉犁耕田。收割時使用鐮刀。→莊園裡的鐵匠將農具視為廉價商品，因而普及。
灌溉	挖掘蓄水池、建造水車。

方向發展，而名主對此亦採取寬容的態度。不過，農民的成長卻也引發了針對地頭、領主的激烈反抗運動。

鎌倉時代的農村發展，與同一時期的伊斯蘭世界及歐洲相比並不遜色。中世紀的歐洲將村落當中所有的耕地三等分為春耕地、秋耕地與休耕地，導入三塊土地輪作的三圃制農法，大大增加了農作物的產量。世界各地都致力於研發增加產量的耕作模式，而生產力的提高，不僅帶動農民開始獨立，也推動了商業的發展，與鎌倉時代農業發展後的變化十分相近。

只是鎌倉時代的社會並沒有因為生產力大增而安定下來。由於蒙古襲來與接二連三的自然災害，使社會陷入了嚴重的困境。而農民發展出屬於自己的實力，開始反抗地頭與領主的統治，也大幅影響了時代的走向。

column 5

從氣候變遷看歷史

十三世紀席捲全球的嚴寒氣候

前近代的社會之中，人們普遍認為農作物歉收與饑荒發生的原因，是來自於在位者失德而導致的天罰。到了今天，人們很清楚地知道氣候是上述狀況的主要原因之一。尤其近幾年來，有些觀點認為若要掌握歉收與饑荒的原因，不只要關心日本列島本身的氣候，更要將範圍放大，從全球歷史的角度分析氣候變遷的狀況。

從氣候變遷的數據上來看，日本在十一世紀左右（平安時代後期）進入溫暖期，接著迎來一段寒冷期後於十四世紀逐漸暖化，進入十五世紀才再次進入另一段寒冷期。

這樣的氣候變化規模涵蓋整個地球，中世紀便曾經出現一段被稱為「小冰期」（又稱小冰河時期）的寒冷時期。

在此期間，全世界都因為大雪、河流結冰與流行病的影響導致大量人口死亡，因此許多

東亞夏季的平均氣溫變化

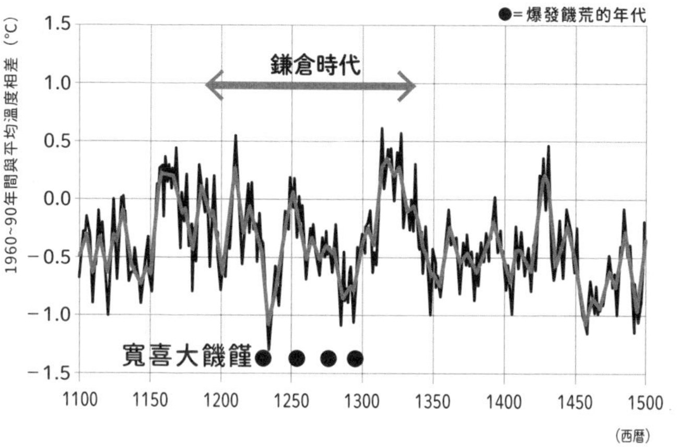

人認為各地的氣候異常應該歸因於氣候變遷。

觀察寬喜大饑饉（一二三一年，也就是寬喜三年）發生的時期，可以發現當時的氣溫與平均值相比有顯著下降的情況。

除了數據符合之外，也與當時人們留下的紀錄相吻合。根據記載，寬喜大饑饉爆發時期，美濃、信濃與上野（分別為現在的岐阜縣、長野縣及群馬縣）等多國皆有夏季降下大雪的紀錄。

中世紀的東亞是個氣候變遷間距較短的時期，通常間隔數十年就會發生一次氣溫大幅變化的情形，也連帶使得饑荒隨著氣候變化的週期定期發生。

「錢幣」流通量的爆發性增長——都市與商業的發展

鎌倉時代的歷代執權皆以鎌倉為中心推動商業與都市的發展。尤其是在承久之亂勝利之後，北條泰時開始積極整頓鎌倉周邊的區域。

一二三二年（貞應二年），鎌倉以南的由比濱已被充分開發，其高度開發的程度甚至可供數百艘船隻同時停泊。除此之外，泰時更資助僧侶往阿彌陀佛[3]建造人工島「河賀江島」並設置港口，使往來鎌倉的船隻能更有效率地靠岸。

泰時不只整頓鎌倉市中心，後來更修建了鎌倉的聯外道路與山道。這座城市逐漸變得熱鬧非凡，對應京都的「洛中」，人們甚至創造了「鎌倉中」一詞來形容鎌倉的盛況。

另一方面，農村地區受益於農業生產力的提高，人們得以發展手工業，作為務農之外的副業。農民種植桑、麻等作物，銷售自家生產的生絲與蠶絲，有愈來愈多人僅靠手工業便能維持生計。他們被稱為「職人」，就像冶鐵師、鑄造師等，從事社會上的各行各業。當時「職人」一詞涵蓋甚廣，醫師、海女、博打打[4]與巫女等，包含了從事各式各樣職業的人們。無論從事演藝活動的藝人，抑或是念佛者、繪師或是猿樂師，都是活躍於鎌倉時代的職人。

冶鐵師、鑄造師這類型職人的出現，是社會經濟活動蓬勃發展的證明。鎌倉時代各地的莊園中心與交通樞紐等地，每個月會舉辦三次左右的「定期市」，當時的手工藝品便透過此類市集廣泛流通。

此外，在鎌倉、京都與奈良等發展為都市的地方，出現了一種被稱為「見世棚」的常駐零售商店，由京都與奈良的商工業者組成稱為「座」的同業組織，逐漸壟斷了商品的生產與販賣。

鎌倉時代商業蓬勃發展的背景，源於宋國大量輸入宋錢，促使了貨幣經濟的急速發展。據說直到戰國時代為止，流通於市

面上的宋錢高達七十五萬噸，貨幣不僅流通於都市，也進入了農村。

若以土地買賣為例，鎌倉時代初期六成的土地交易皆以稻米結算，然而到了鎌倉時代末期，改以貨幣交易的土地則高達百分之八十四。

隨著貨幣經濟的發展，金融業者也隨之應運而生。由於錢幣有其重量，為了省去搬運麻煩，業者導入「貨幣兌換」等機制，包含經營高利息借款的「借上」，以及經營「貨幣兌換」的「問屋」都在此時問世。

不過，關鍵的武士階級卻因為無法跟上貨幣經濟發展的腳步，生活逐漸變得貧困。由於貨幣開始流通，使得貨物買賣的情形更加活絡，除了物價上漲，各種消費、經濟活動也正在加速，武士卻無法跟上這一股社會趨勢。尤其是蒙古襲來的後患無窮，不僅花去了大量軍費，還無法進行任何的賞罰分配，這個部分的細節狀況，將於後續章節詳述。

鎌倉時代「都市發展」與「貨幣經濟普及」等現象也同樣發生在中世紀的歐洲。十一世紀歐洲的貨幣經濟蓬勃發展，商業與金融業便以猶太人與義大利人為中心逐漸興盛起來。都市內部也出現了「公會」（guild）組織，相當於日本工商業組合「座」，城市之間也會締結聯盟，如倫巴底同盟（Lombard League）、漢薩同盟（Hanseatic

League）等。

當時，日本只有鎌倉、京都等少數地方可稱之為「都市」，一直要到室町時代發展出城下町、門前町之後，日本各地的城市才跟上歐洲的腳步，迅速發展起來。

3 往阿彌陀佛為鎌倉時代初期的勸進僧，除了勸化之外，也熱心於社會事業。

4 博打打乃靠賭博為生之人。

貨幣流通的進展

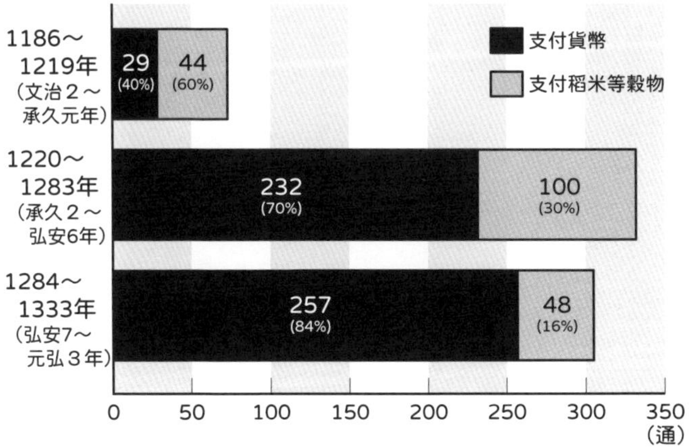

＊將集中於畿內地區的710張田地買賣券，以前、中、後三個時期區分，並分別調查貨幣交易與穀物交易之比例。

佛教改革的第一波浪潮——鎌倉佛教

只要提到鎌倉時代整體的文化史，包含文學與美術等面向，都不能忽略佛教思想賦予的巨大影響。因此，首先我們必須從鎌倉時代的佛教談起。

約莫在平安時代末期，除了自奈良時代延續至今，被合稱為「南都六宗」的六支傳統佛教（顯教）之外，京都興起了兩個全新的宗派，分別是最澄創立的天台宗，以及空海創立的真言宗。這兩個宗派皆屬「密教」，教義非一般言語可以詮釋形容。而顯、密二教合稱「顯密佛教」。

相對於上述傳統佛教世界的結構，一般認為「鎌倉佛教」的出現，是為了改革顯密佛教（舊佛教）之腐敗，並以通俗易懂的方式向庶民宣揚教義。然而近年來，學者重新審視了兩者之間的關係，認為兩者並非對立而存在著連續性，所謂的「鎌倉新佛教」亦由過去的顯教與密教諸宗派中派生而出。

再加上當時支持顯密佛教的僧侶，皆是受雇於國家、為國家祈福的僧侶；相較之下，鎌倉佛教的幾位創始人都不是循上述模式發跡，而是自己開創新的教派，因此有種說法認為其目的是為人民祈福，而非傳統的為國家祈福。

並且，他們之中有許多人以「專修」為奉行準則，從眾多佛教修行之中「選擇」一項之後，便全心全意地投入修行。

被視為鎌倉佛教始祖的六位僧侶，是如何度過他們一生的呢？他們分別成立了哪些教派？

在六位僧侶之中，最早躍上歷史舞台的是淨土宗的開山始祖法然。法然出生於地方豪族之家，但九歲時父親被殺，十五歲（一說為十三歲）便前往比叡山（今京都府與滋賀縣境內）剃度修行。當時，許多人看似為了遠離俗世出家，實際上卻是為

新佛教的宗派

宗派	開山始祖	核心寺院	開宗年
淨土宗	法然	知恩院（京都）	1175
臨濟宗	榮西	建仁寺（京都）	1191
淨土真宗（一向宗）	親鸞	本願寺（京都）	1224
曹洞宗	道元	永平寺（福井）	1227
日蓮宗（法華宗）	日蓮	久遠寺（山梨）	1253
時宗	一遍	清淨光寺（神奈川）	1274

了追求成功與名譽，沉溺於權力鬥爭之中。法然無視世道，追隨師父叡空的指導潛心修佛，一過就是二十五年。

直到一一七五年（承安五年），法然四十三歲時，領悟到了只要虔誠禱念「南無阿彌陀佛」，任何人皆能往生極樂淨土，於是開創了淨土宗，提倡「專修念佛」的修行法門。就這樣，法然入世弘法，他在佛法問答中壓倒性地辯證，令眾高僧心服口服，不僅公家推崇他的佛法，更贏得了武士的信任。

然而，法然卻受到傳統佛教宗派的強烈批判，他們的論點是「如果只要念佛就能得到救渡，無論什麼行為都能得到原諒」，那法然僅提倡念佛恐怕會助長惡行；致使法然於一二〇七年（承元元年）遭到流放讚岐（今香川縣）的命運。最終，法然雖在其他教派激烈的反制之下去世，他的教誨仍透過其弟子廣泛流傳，並得以系統化。

緊接著登場的是將臨濟宗傳入日本的榮西。

榮西生於神職之家，十三歲便登上比叡山出家修行，二十八歲時渡海前往宋國學習佛法。榮西留學之時，深感日本佛法教導之誤，就此興起導正之心。

他於宋國修法期間對「禪宗」產生了興趣，並於四十七歲時二度前往宋國，希望藉此轉赴印度修行。榮西最終雖然未能如願前往印度，仍成功繼承臨濟宗之禪法，並於一一九一年（建久二年）將其在宋國所學帶回日本。

榮西的教誨深得武家當權者信賴，包含源賴家、北條政子等人皆皈依門下。兩人先後為榮西建寺，源賴家於京都建建仁寺，北條政子於鎌倉建壽福寺，即使在他亡故之後，臨濟宗仍因鎌倉、室町幕府之推崇而深受武士喜愛。

據說臨濟宗之所以廣受武士接受，是由於榮西著書《興禪護國論》所提倡，透過嚴格的坐禪修行嚴守保家衛國的堅忍態度，以及警戒舊佛教的影響力等，皆是源自於鎌倉幕府的政策方針。除此之外，與其他被視為「新佛教」的宗派相比，榮西對改革舊佛教採取較為溫和穩健的態度，也是容易為人接受的原因之一。

此時此刻的世界大事？

1198年教宗英諾森三世即位

1198年，英諾森三世（Pope Innocent III）即位為羅馬教宗，在位直至1216年。英諾森三世在位時期，教宗的權威達到登峰造極的狀態，神聖羅馬帝國、法國及英國國王皆因不遵從教會教誨，而相繼被逐出教會。他曾說「教宗是太陽，世俗國王是月亮」，擁有不可一世的至高權力。

下一位登上歷史舞台的僧侶是淨土真宗的開山祖師親鸞，他於一二二四年（元仁元年）創立淨土真宗。親鸞九歲時便出家前往比叡山修行，一待就是二十年。他離開比叡山之後與法然相遇並成為其弟子，法然被罰流放之際，親鸞也被判同罪。

後來，親鸞被赦免，結束流放生涯之後，開始以關東為中心弘法傳教。親鸞在繼承法然思想的同時，也提倡「惡人正機說」，他認為正因惡人罪孽深重，才應成為被拯救的對象，這使他的教義以農民為中心迅速傳播開來。

親鸞本人與法然相同，原先並沒有開創宗派的念頭，然而因為他的弟子唯圓將老師的教誨彙編為《歎異抄》一書，使親鸞的思想得以被廣泛流傳。透過弟子及其後代的提倡，集結了許多信眾，淨土真宗教派也因此逐漸成形。

曹洞宗的始祖道元出現的時間只比親鸞晚一些。道元在比叡山修行之後，拜入榮西弟子明全的門下，學習臨濟宗之禪法。

後來，道元渡海前往南宋學習佛法，遇見一位專心致志於禪法、重視「只管打坐」的僧侶如淨，道元深受其感動，遂拜於門下。道元於一二二七年（安貞元年）歸國，雖得北條時賴賞識，希望他能於「鎌倉開山建寺」，但是道元拒絕了，他在越前國（今福井縣）的永平寺致力禪宗的普及工作，並一心一意地培育弟子。

根據道元之著書《正法眼藏》的記載，道元的教義始於「只管打坐」之法門，重視嚴格的修行。

道元雖曾是臨濟宗的門下子弟，他所創立的曹洞宗亦屬禪宗的一個宗派，然而其教義卻與臨濟宗大相逕庭。比起鑽研「禪」本身，臨濟宗更重視遵循禪宗的嚴格戒律，而曹洞宗則與之相反，更重視「禪」本身的實際修行。

此外，榮西承認末法（佛教正法衰頹毀壞之時期）之說，道元卻對末法思想持否定態度，兩人在思想上也大相逕庭。

第五位僧侶是於一二五三年（建長五年）創立日蓮宗的日蓮。日蓮出生在安房國（今千葉縣）一個

\此時此刻的世界大事？/

1227年額我略九世即位成為羅馬教宗

額我略九世（Pope Gregory IX，又譯格列高利九世）聞名於與神聖羅馬帝國皇帝腓特烈二世（Frederick II, Holy Roman Emperor）之間的鬥爭。他曾因腓特烈二世不願派遣十字軍而將其逐出教會，兩人之間的種種過節顯示出當時教宗擁有著至高的權力。此外根據記載，額我略九世也是非常優秀的法學家。

以漁業為生的家庭，在十六歲時剃度出家。日蓮出家後遊歷諸國，亦曾前往比叡山修行佛法。後來日蓮回到故鄉清澄寺（今千葉縣鴨川市），卻在堅定其法華信仰之後，因強烈批判淨土宗而被判流放。流放後，日蓮的法難仍在持續，他不僅遭受淨土宗信眾放火燒殺，更二度被判流放，就連他的弟子也遭迫害，各種苦難不斷。日蓮於一二八二年（弘安五年）離世，直到最後，他所提倡的法華信仰仍未被幕府接受。

日蓮宗的特色是強調一心不亂地持續唸誦「南無妙法蓮華經」。眼見社會荒廢不振，日蓮產生了強烈的危機感，他寫下《立正安國論》一書並上呈幕府北條時賴，提倡以《法華經》為中心建國之必要性，卻遭幕府抹殺，再加上他多次以激烈的言論批判其他宗派，招致了各方的反感。

不過，由於《立正安國論》曾預言「這樣下去等於放任外敵入侵」，並且在蒙古襲來之後化為現實，促使後世重新審視日蓮一生的所言所行。

最後要介紹的是時宗的始祖一遍。一遍十歲出家，潛心修行淨土宗，他曾一度還俗，並於三十歲之後再次出家。

一遍遊歷全國、遍訪各地寺院，他發願救渡眾生，攜帶念佛札於巡行中授與眾人。不久後，他學習平安時代的僧侶空也，以「踊念佛」[5]四處傳教，人氣開始高漲。此後，一遍以「遊行上人」的身分周遊全國，並博得了民眾的熱烈支持。

一遍認為只要把教義以詠唱與跳舞的方式表達，就能前往西方極樂淨土。他的思想雖然相當獨特，但是考慮到當時的識字率低，許多人無法從其他宗派得到救贖，或許向眾人傳達「別想太難，跳舞便是」，就是一遍提倡此法門的目的。

上述介紹的六個宗派，雖然被統稱為「鎌倉新宗教」，然而每個宗派的實際情況與特徵卻截然不同。這幾個教派的信眾組成傾向雖然各自不同，有些較受武士歡迎，有些則較為地方庶民接受，但大多數人的接受度都相當高。

另一方面，被稱為「舊佛教」的現有教派及僧侶也並

此時此刻的世界大事？

1276年南宋滅亡

在元帝國的發展與屢屢入侵之下，南宋陷入了前所未有的危機，最終於 1276 年投降，走上滅亡一途。南宋政權的餘黨在南宋滅亡後持續抵抗，但反抗的星火仍於 1279 年被澈底捻熄。元國最終吸收了這一批南宋士兵，並令其加入後來的日本侵略軍。

非毫無作為。華嚴宗的明惠與法相宗的貞慶重視戒律，積極整飭風紀；而律宗的叡尊及其弟子忍性則致力於救助貧苦之人，各自為宗派的復興做出貢獻。

這類宗教的動盪與變革，不僅發生在日本佛教，也體現在世界各地的許多宗教之中，如基督宗教的宗教改革，以及伊斯蘭教什葉派與遜尼派之間的對立衝突等等。

5 踊在日文裡是跳舞的意思，另譯作跳舞念佛，或念佛踊、念佛舞等。

由各種文類之中誕生的傑作——鎌倉文學

鎌倉時代是個僧侶、貴族與武士彼此的世界觀相互交織的時代，也因此誕生了許多流芳後世的文學作品。

首先要介紹的是「軍紀物語」，這是一種過去從未出現，直到鎌倉時代才孕育而生的文學類型。值得注意的是，軍記物語所描繪的題材都是歷史上實際發生的戰爭。廣為人知的作品有描繪保元、平治之亂的《保元物語》與《平治物語》，以及描繪承久之亂的《承久記》等，不過最著名的軍記物語，當屬描繪平氏一族興衰的《平家物語》。

《平家物語》的故事甚至被節錄於日本國語教科書中，其重要程度可見一斑。書中所描繪的「諸行無常」、「盛者必衰」等價值觀，深受佛教思想影響。而透過琵琶法師所彈奏的「平曲」，更使《平家物語》的故事廣泛傳播到不識字的市井民眾之中。然而需要注意的是，軍記物語不一定會如實反映歷史事實，故事中包含了許多戲劇性的情節描述。

另一方面，鎌倉時代除了在佛教思想上收穫頗豐，一些遠離俗世的出家隱士所書寫的文學作品，也出現了許多傑作。僧侶西行生於武士之家，深感世事無常，遂拋棄妻子出家，成為僧人的他在諸國間徘徊遊歷時，編撰了和歌集《山家集》。

還有一位僧侶鴨長明生於神社家系，他出家後寫下隨筆集《方丈記》，內容講述他在小庵堂（簡易的住宅）的生活，以及許多他對當時社會的觀察與世事無常的感嘆。而《徒然草》[6]以開頭一段「百無聊賴」[7]聞名於世，這部隨筆集是吉田兼好（本姓卜部）隱於市時，以銳利的觀點描繪世間動向的經典名作。

此外，鎌倉時代也出現了「史書」體裁，記載了從古至今（當時的今指的是鎌倉時代）的歷史事件。

慈圓出生於貴族之家，後出家為僧並成

主要的軍記物語

鎌倉時代
承久記
承久之亂的始末。
平家物語
治承、壽永之亂中的英雄與平家一門的命運。
平治物語
參加平治之亂的源義朝父子之悲劇。
保元物語
活躍於保元之亂的武士之故事。
源平盛衰記
《平家物語》的異本。

《太平記》南北朝時代

《曾我物語》南北朝時代

《義經記》室町時代

為天台宗的最高領袖（座主），史書《愚管抄》即為他的著作。《愚管抄》記載了從遠古的神武天皇時代到鎌倉時代順德天皇時期的各個歷史事件，是一部以佛教觀點解釋日本歷史的史書著作。

其他還有本書多次提及的鎌倉幕府官方史書《吾妻鏡》，以及由老嫗講述平安時代前期之前的日本歷史，並以口述方式記錄而成的歷史物語《水鏡》等，皆是這個時期的歷史著作。

至今為止介紹的作品，主要集中在僧侶與隱士的著作。另一方面，自平安時代以來，以朝廷為中心的「宮廷文學」亦蓬勃發展，其中尤以和歌最為成功，留下了許多知名傑作。

後鳥羽上皇雖於承久之亂落敗，但他在文化方面擁有相當卓越的才能，甚至被稱為「文化的巨人」。多才多藝的後鳥羽上皇不僅精通和歌、音樂、漢詩、蹴鞠與武術，他更選出五位優秀的歌人，令其編纂敕撰和歌集[8]，其中包含挑選彙編《小倉百人一首》的藤原定家，以及定家的友人兼競爭對手藤原家隆等人。如此這般，由後鳥羽上皇主持，五位優秀歌人編撰的《新古今和歌集》於一二〇五年（元久二年）問世。一直到一二一六年（建保四年）的幾年之間，根據後鳥羽上皇的意向，這本和歌集的編纂工作仍持續進行，甚至在承久之亂後，後鳥羽上皇被流放到隱岐期間，他仍親自進行此書的編纂工作。

這股創作和歌的風潮也影響了鎌倉。先前曾經提到，鎌倉幕府的第三代將軍源實朝就編纂了一部《金槐和歌集》。

此外，由於鎌倉市的發展，京都與鎌倉之間的主要幹道東海道也得以修整，這使環繞旅行見聞的文學作品「紀行文學」大量湧現。

紀行文學之中，《海道紀》與《東關紀行》描繪了從京都到鎌倉的旅程見聞，另有阿佛尼（藤原定家之子為家之妻）為奪回兒子的莊園前往鎌倉出席訴訟後寫下的《十六夜日記》，記錄這趟旅程的道中情景與短暫居住於鎌倉的所見所聞。這些都是相當知名的紀行作品。

其他還有統稱神話、傳說與民間傳說的說話文學，也

此時此刻的世界大事？

1205年左右的創作《尼布龍根之歌》

《尼布龍根之歌》（Nibelungenlied）是以中古高地德語創作的英雄敘事詩。這部作品描寫了英雄西格弗里之死的傳說，對後世產生了巨大的影響，後來更透過德國作曲家華格納（Wilhelm Richard Wagner）所創作的經典歌劇《尼布龍根的指環》（1876 年首演）風靡日本。

是鎌倉時代十分盛行的文學類型。《宇治拾遺物語》、《十訓抄》與《古今著聞集》等作品，都是相當著名的說話文學作品。由於說話集反應了當代庶民的實際生活樣貌與價值觀，是相當有價值的史料，因此也獲得學術界的高度評價。

緊接著介紹當時文人所追求的學問。當時的貴族致力於「有職故實」，這是針對古典解釋、朝廷儀式及作法等進行研究考證的學問。後來在江戶時代成為知識分子世界觀基礎的「朱子學」，也是在鎌倉時代經由禪僧自宋國傳入日本的學問。

另一方面，武士之中也有熱中於學問之人。北條義時的孫子北條實時在鎌倉外港金澤（今神奈川縣橫濱市金澤區）設立了「金澤文庫」，收藏和漢書籍。金澤文庫也因此深受日本好學之士的喜愛。

6 清少納言《枕草子》、吉田兼好《徒然草》與鴨長明《方丈記》並稱日本三大隨筆集。

7 原文つれづれなるままに，意為很無聊什麼事都不想做的樣子。

8 敕撰和歌集是平安時代至室町時代期間，天皇或太上天皇下敕命編輯的和歌集。

佛教藝術的時代——鎌倉的藝術風格

如先前所述，鎌倉時代是個受佛教影響甚深的時代，而這一點也同樣體現在藝術領域。此一時期，雕刻與建築的發展始於重建東大寺（今奈良縣），當時東大寺曾於平氏「南都燒討」的戰火中嚴重受損。

朝廷拔擢僧侶重源為「勸進上人」，負責重建東大寺的重責大任。重源邀請出身南宋的佛像雕塑家陳和卿，任命他為重建大佛的技術指導負責人。兩人攜手投入重塑大佛及重建佛殿的工程。

大佛殿採用的建築樣式「大佛樣」是源於宋國的豪奢風格，由於過於奢華且建築相當困難而被敬而遠之。重源去世之後，便不再有人採用此種建築風格。另一方面，隨著佛教禪宗傳入日本，被稱為「禪宗樣」的井然有序建築樣式便流行了起來。

到了鎌倉時代後期，除了繼承日本傳統的建築樣式「和樣」之外，以和樣為基礎，將大佛樣、禪宗樣一部分的技術融入其中的「折衷樣」，也逐漸成為一種普遍的建築樣式。

創作出許多象徵大佛的佛像傑作也是鎌倉時代的特徵。參與東大寺重建的佛師運慶與快慶，建造了東大寺南大門的金剛力士像（國寶）等雕塑作品，其風格不僅寫實逼真且富有力道，是相當受人推崇的佛像雕塑藝術。

運慶與快慶都是隸屬於「慶派」的佛師，以奈良為主要活動根據地。其中運慶與鎌倉幕府的政要有所交流，也受幕府之託製作佛像。鎌倉時代的雕刻風格與平安時代相比更強調佛像的個性，因此孕育了許多寫實的「肖像雕刻」傑作。肖像雕刻的代表作品有運慶之子康勝所創作的六波羅密寺（今京都府）空也上人像、為重建東大寺貢獻的重源像、鎌倉寺院明月院擁有的上杉重房像等等。

繪畫方面，與佛像一樣強調寫實風格，「肖像畫」、「似繪」與「頂相」[9]等繪畫風格

成為趨勢。代表繪師是藤原龍信、藤原信實父子。不過，部分意見認為，隆信的代表作，也就是保存於神護寺的國寶「神護寺三像」（源賴朝、平重盛、藤原光能三幅肖像的合稱），從畫風的角度來看，「繪製時代應是南北朝時代而非鎌倉時代」。此外，也有人認為畫中人物很可能不是目前所認知的。被指為源賴朝的畫中人物，可能是足利尊氏的弟弟足利直義，而畫中的平重盛則可能就是足利尊氏。雖然相關論爭未有定論，近年來新論點卻逐漸取得優勢。也因為這些爭議，愈來愈多人採用「傳源賴朝像」的表記方式。

另一方面，繪卷物也有所發展，為了讓

神護寺三像

傳源賴朝像

傳藤原光能像

傳平重盛像

不識字的武士與民眾也能透過繪畫理解神佛的教誨，出現許多宣揚宗教的作品，是這個時代繪卷物的特徵。《春日權現驗記》、《北野天神緣起繪卷》與《一遍上人繪傳》等，都是繪卷之中隱含宗教意涵的名作。除此之外，《平治物語繪卷》、《蒙古襲來繪詞》等描繪戰爭的繪卷作品，也相當受歡迎。

在書道與工藝方面，則受到宋國與元國的風格影響。伏見天皇之子青蓮院尊圓入道親王開創了一種全新的書法風格，他以平安時代藤原行成所創之和樣書道「世尊寺流」為基礎，加入宋元的風格色彩，開創了全新的書法風格「青蓮院流」。

另外，隨著白瓷與青瓷被積極進口到日本，尾張（今愛知縣）的瀨戶燒等日本製陶器也開始在全國生產。

生產符合武士需求的武具製造行業發展蓬勃，亦是這個時期的工藝特色。除了有製作優良甲冑的明珍家，也有擅長打造刀劍的粟田口吉光、岡崎正宗與長船長光，他們所生產的刀劍由於品質精良，在海外也獲得極高評價，所以也會輸出到國外販賣。鎌倉時代工匠的聲譽不墜，直到現代仍頗負盛名，近年來更搭上刀劍文化的熱潮，再次受到世人的矚目。

9 頂相是佛教肖像畫名詞。佛弟子為祖師畫的遺像。

column 6

充滿謎團的鎌倉大佛

製作者、製作背景一切皆謎的鎌倉大佛

高德院（神奈川縣鎌倉市）的鎌倉大佛於一二五二年（建長四年）開始興建，與東大寺大佛並列，是日本最為知名的佛像之一。

據說興建的經費來自僧侶淨光所勸籌的淨財。當初佛像本有大佛殿棲身，然而到了一四九五年（明應四年），一場海嘯把大佛殿摧毀殆盡，使得鎌倉大佛露宿廣場，就此延續至今。

有學者指出，鎌倉幕府曾參與鎌倉大佛的建設，除了受到東大寺大佛的影響，其目的很可能是為了替政治中心鎌倉賦予「佛佑之地」的權威性。

然而，與鎌倉大佛相關的史料極其稀少，難以解答的疑問甚多，包含「大佛何時建成」、「是誰為了什麼目的興建」等等。也因為如此，鎌倉大佛有了「謎之大佛」的稱號。其實，鎌倉大佛的建造過程本無史料記載，儘管規模宏大，卻仍有許多未解之謎。

不過近年來，人們透過研究揭開了大佛的神祕面紗，包含大佛的正確高度、製造材質等問題都有了答案。而其中相當耐人尋味的一點，便是人們發現製造大佛形體的銅，原產地來自於中國南方。根據考察，這些銅應該是由宋國大量進口的「宋錢」熔化而來。當時，日本銅的價格相當高，熔化宋錢並轉用於其他用途是較為划算的選擇。

透過解讀大佛，不僅了解到當時日本國內的金屬市場狀況，也對日本與宋國之間貿易蓬勃的程度有了更深入的認識。

往來東亞的僧侶——與宋、元之間的交流

在先前的章節之中，經常提到「日本與宋、元之間的交流」。這些事件無非是日本自鎌倉時代開始，就與亞洲大陸有所接觸的證明。在這一章裡面，將再次總結日本在鎌倉時代與宋、元之間的往來狀況。

日宋貿易之時，主要輸入宋錢、陶瓷器與香料等商品。這些商品被稱為「唐物」，對當時的人來說相當貴重。而日本則是向中國輸出金、水銀與硫磺。

這些進口商品對日本的社會與文化都產生了相當大的影響，然而同樣不可或缺的是人才與技術之間的交流。上一章也提到，當時在建築與佛像方面都活用了宋國的技術，就某種程度來說，可謂鎌倉時代的一種趨勢。

值得注意的是僧侶之間的往來交流。當榮西、道元等日本僧侶前往宋國學習的同時，日本也邀請宋國僧侶來訪。

一二四六年（寬元四年），北條時賴邀請蘭溪道隆來日，擔任鎌倉五山第一位——建長寺（今神奈川縣鎌倉市）的開山住持。道隆接連擔任建長寺、建仁寺（今京都市）與壽福

寺（同鎌倉市）等寺院之住持（寺院的最高僧位），為鎌倉禪宗文化的發展帶來了深遠的影響。

北條時宗則於一二七九年（弘安二年）邀請無學祖元來日，並命其擔任圓覺寺（同鎌倉市）的開山住持。如此這般，日宋之間的交流漸趨蓬勃，後續的元國，無論在貿易或佛教方面，雙方依然維持頻繁往來。

日元貿易是日宋貿易的延伸，由於忽必烈也積極推動海上貿易，日元雙方便建立起「邊打仗邊貿易」的奇特關係。

一二九九年（正安元年），攻打日本失敗的元國將僧侶一山一寧送往日本，幕府最初將其視為間諜而關押起來。然而因其高尚的道德品格及高僧身分，一寧終究獲釋，並受到時宗之子第九代執權北條貞時與後宇多法皇的虔誠崇敬。後來，到了鎌倉幕府末期，為了修復被火

此時此刻的世界大事？

1300年左右鄂圖曼帝國建立

十三世紀的小亞細亞（Anatolia，今土耳其附近）處於各方戰士領導的小國林立狀態。而鄂圖曼一世所率領的小國家，便是這些國家的其中之一。這個國家後來迅速發展，最後脫胎換骨，成為統治西亞的鄂圖曼帝國（Ottoman Empire）。

災燒毀的建長寺，幕府亦曾於一三二五年（正中二年）派出貿易商船「建長寺船」赴元進行貿易以籌措修復資金。

在現代外交之中，國與國之間一旦發生政治衝突，禁止貿易與經濟制裁是家常便飯，所以鎌倉幕府與元國這種一邊打仗一邊和睦交流的關係，實在令人感到不可思議。

不過仔細想想，發生衝突的是「國家（政府）彼此」而非個人，或許鎌倉時代的人們所擁有的自由與沉著，反而更值得生活於現代的我們學習與仿效。

日本的「邊境線」——蝦夷地與琉球

鎌倉時代後期，開始出現「從哪裡到哪裡是『日本』」這樣的領土意識。當時人們的認知裡頭，日本之東為外濱（青森縣東津輕郡至青森市範圍之地區），西是喜界島（鹿兒島縣庵美諸島），北為佐渡（新潟縣），南是土佐（高知縣）。雖然方位與現代正確座標並不相符，但是可以看出並不包含蝦夷地（北海道）與琉球（沖繩縣），顯示出當時人們的認知之中，這兩個地方被視為日本以外的異域。

人們逐漸關注與「外部」他人之間的交易，也是這個時代的特徵之一。

首先，人們在津輕地方的十三湖（今青森縣）周邊築起被稱為「十三湊」的港灣城市，該地正是前往蝦夷地的玄關口。據推測，十三湊後來成為日人與阿伊努人的貿易中心，進入室町時代之後，城市本身也有了飛躍性的發展。

十三湊的繁榮需歸功於北條氏的代官，也就是負責治理津輕地方的武士豪族安藤氏。室町時代，十三湊地處日本海航線的最北端，與堺（大阪府）以及輪島（石川縣）等地一起發展為日本的主要港口之一。直到一四三二年（永享四年）安藤氏遭南部氏擊敗之前，十三湊在安藤氏的治理之下一直維持著繁榮景況。

然而，到了鎌倉時代末期，蝦夷之亂引發安藤氏爆發內亂。為了爭奪領土，宗家（本家）與庶家之間的衝突難以收拾，甚至驚動幕府出兵鎮壓亂事。

另一方面，琉球在十一世紀結束了以海產為中心的貝塚文化[10]，進入農業與鐵器普及的時代。從這個時期開始，琉球各地出現了被稱為「按司」[11]及「太陽」[12]的統治者，他們建造起了被稱為「御城」[13]的戰鬥堡壘。

日本的東西南北（鎌倉時代）

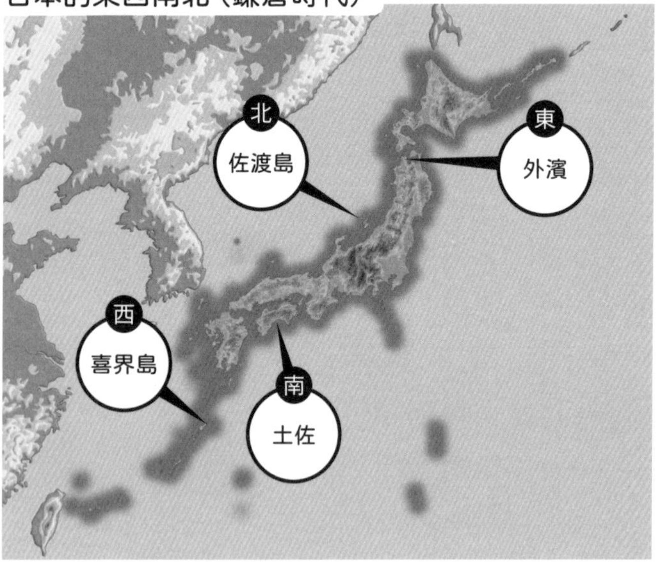

根據這樣的特徵，琉球的此一時代被稱為「御城時代」。後來，統治者之間的紛爭加劇，御城的數量與面積也隨之增加。不過當時「琉球王國」尚未建立，一直要到室町時代之後，琉球才誕生了屬於自己的統一政權。

另外，琉球為何突然由貝塚時代進入御城時代，其契機至今仍未釐清，有學者認為是因為受到中國情勢變化的影響。這個時期的中國，由於北方崛起的國家「金」南下的關係，「宋」因而被迫南遷。

受到宋國南遷的影響，中國南部在宋的統治之下開始發展，間接影響了琉球與東海的其他國家，琉球的社會也可能因此產生質變。後來的琉球王國之所以能與中國、明國建立起密切關係，發展成東亞的中繼貿易國家，其歷史前提或可追溯至此一時期的社會變化。

10 貝塚時代的人採集海產不只有吃，還會拿有價值的貝殼與本島人交易，後期也與中國有交易紀錄。

11 按司是琉球國歷史上的地方行政單位，後來成為琉球國貴族與地方豪族的一種稱號。

12 テダ在沖繩語中是「太陽」的意思，與按司兩個詞彙都有王的意涵。

13 御城（琉球語：城／グシク）是指存在於琉球群島的石牆建築。

鎌 倉 時 代 的 偉 人 ❹

過於慈悲的僧侶

忍性

Ninsho

1217 ～ 1303

拯救社會弱勢族群，日本的德蕾莎修女

忍性是出身律宗的僧侶，他與先前提到的鎌倉佛教領袖生活在同一個時代。他一直隱於「鎌倉新佛教」六宗始祖的光環之下，直到近年才受到世人的矚目。

其背後緣由，來自於忍性對慈善事業的全心投入。他每天揹著受到歧視的漢生病患（由麻風桿菌引起的慢性疾病）進出城，與他們同寢同食，並親自為他們塗藥。除此之外，據說忍性更在鎌倉建立桑谷療養所，拯救了數萬名病患，並致力於前往全國各地幫助弱勢者。

另一方面，由於忍性熱中慈善事業更甚修行，使得同為律宗的僧侶、同時也是忍性的師傅叡尊開口告誡「忍性你的慈悲心太過氾濫」。然而，忍性悲天憫人的胸襟，得到當時幕府與民眾的高度讚賞，為他贏得「日本的德蕾莎修女」的美譽。

第五章

鎌倉幕府的滅亡

眞正的危機始於勝利後—蒙古襲來的影響

鎌倉幕府歷經兩次蒙古入侵，好不容易在一連串的戰事之中倖存下來，然而等在前方的卻不是「和平」。

首先第一個考驗是可能發生的第三次蒙古襲來，為此鎌倉幕府必須事先準備，持續加強國家的防禦能力。除了繼續指派御家人擔任異國警固番役做好防禦外，幕府也開始為攻打朝鮮擬訂計畫並準備動員，雖然最終這個計畫並未實現。另一方面，元帝國在內政方面亦舉步維艱，忽必烈（一二九四年）去世的消息更在國內引起一片混亂，這使日本躲過了第三次蒙古襲來的危機。

即使今日的我們已經知道第三次蒙古襲來不會發生，然而當時的人們卻沒有預知未來的能力，所以幕府依然繃緊神經，絲毫不敢鬆懈對元國的警戒心。

蒙古入侵之後，國內御家人對幕府的不滿水漲船高，這是因為儘管御家人在對抗蒙古人的戰事當中做出貢獻，幕府的賞賜卻完全不成正比。

那麼，為什麼御家人得不到他們想要的賞賜呢？答案很簡單，因為幕府並沒有足夠的財產。

複習一下至今為止不斷提到的「御恩與奉公」，若要讓御家人「奉公」，也就是出兵作戰，幕府就必須賜與他們「土地（的管理權）」。

一直以來，幕府都是從戰敗方沒收土地，再將之賜與御家人。然而，與蒙古之間的戰事是防衛戰，與源平合戰、承久之亂等內戰不同，只是在外來入侵的狀況下守護自己的土地。既然戰爭結束後不會獲得新土地，幕府便無法轉移土地所有權給御家人。

只是對辛苦征戰沙場的御家人來說，這些因果關係無關緊要，他們當然會向

幕府尋求自己應得的賞賜。另一方面，日本的寺社也為蒙古入侵舉辦了一連串祈求異國降伏、異國退散的祈禱儀式，所以他們也跟御家人一樣，因為祈求神佛加護而希望得到報酬。

如此這般，正當幕府為了戰後處置而焦頭爛額之際，北條時宗卻在弘安之役僅僅三年後的一二八四年（弘安七年）離世。下一位執權是年僅十四歲的時宗之子北條貞時。由於當時的貞時難以主導政治，實權便旁落到肥後國（今熊本縣）守護安達泰盛手中。泰盛是過去寶治合戰的始作俑者安達景勝之孫，同時也是貞時母親的兄長。

面對此等困境，泰盛該如何克服？他開始大刀闊斧地進行改革，正是後世所謂的「弘安德政」。

弘安德政有兩個重要的目標。第一個目標是論功行賞，根據武士與寺社（主要集中在九州）在蒙古襲來期間的戰功與貢獻給予適當的賞賜。緊接著下一個目標，就是將他們全部納入幕府的控制之下。

首先，為了實現第一個目標，泰盛自己擔任恩賞奉行，根據武士的戰功判斷賞賜的內容。他以頒發《名主職安堵令》的方式取代賜予新土地，讓武士能實質統治自己原先雖有統治權卻無實權的土地。

值得注意的是，當時九州的非御家人也是泰盛再次納入幕府統治的對象。一直以來，幕府只把「御家人」視作自己的統治對象，其餘的武士都處於幕府的體制之外。而泰盛卻認可他們也有一份功勞，並透過恢復土地統治權來將他們納入御家人的範疇。

這樣的作法等於是將「所有武士納入幕府的統治之下」。然而，對那些過去待遇較高的御家人來說，特權被剝奪讓他們開始戒備，甚至起了反抗之心。

此外，泰盛也針對神社頒布了「神領興行法」。過去，九州等地主要神社的領地曾被出售給他人，而「神領興行法」視這些土地處於不當

此時此刻的世界大事？

1284年哈梅恩發生130名兒童失蹤事件

哈梅恩（Hameln）是德國的一個城市，曾經發生130名孩童因為一個男人而集體失蹤的事件。此一事件充滿謎團，真相眾說紛紜，最終被加油添醋衍生為當地傳說。到了今天，這個被稱為〈哈梅恩的吹笛人〉的故事被收錄於《格林童話》之中，成為日本家喻戶曉的寓言故事。

所有的狀態，並將之全數歸還給原本的擁有者，也就是神社。喜出望外的神社當然立刻著手回收這些過去的領地，然而這項措施卻讓地方上的神社、御家人及一般人之間對立橫生，造成了社會動盪的結果。

對於泰盛大刀闊斧的改革，反彈最大的是一群侍奉得宗家的人，即為「得宗御內人」。身為得宗家的家臣，他們在御家人之間擁有呼風喚雨的地位，而御家人增加一事讓他們擔心自己的地位可能下滑。

這也使原御家人與得宗御內人在「反安達泰盛」這一點上彼此利害一致，因此引發平賴綱舉兵剿滅泰盛領導下的安達氏一族的內亂事件。當時平賴綱擔任「內管領」一職，地位相當於得宗御內人的最高權力者。這個發生於一二八五年（弘安八年）十一月的內亂事件被稱為「霜月騷動」，此事件爆發時距離泰盛開始主導政治甚至不滿一年。

平賴綱推翻泰盛之後雖接掌了政治實權，但在政策的方向性上卻與泰盛截然不同。他撤銷了泰盛時期推行的兩個代表性政策「名主職安堵令」與「神領興行法」，同時確立起維持現狀的政策方向。

然而，賴綱與泰盛不同，他出身於地位較低的御內人，不像安達家世代都是實力強大的御家人，還因將軍外戚的身分擁有巨大的後盾。

因此，賴綱將引付眾（北條時賴擔任執權時設置的官職，負責管理與領土相關的訴訟）的監視權交給了自己家族占據核心地位的御內人，同時透過接近朝廷，提升兒子飯沼資宗的官位。賴綱藉由這些方式來鞏固自己的地位，並增強了自己在幕府中的影響力，他更計劃在未來任命自己的兒子擔任引付眾、評定眾等官職。

不過，當時已經二十三歲的執權北條貞時卻也因此對迅速掌握權力的賴綱相當警戒。一二九三年（正應六

霜月騷動的陣營結構示意圖

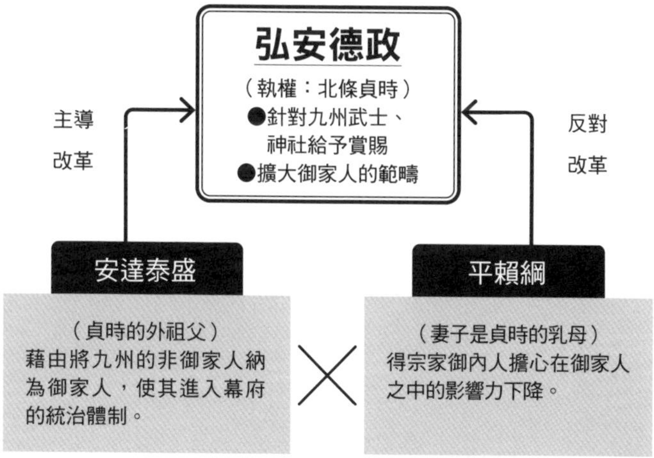

弘安德政
（執權：北條貞時）
●針對九州武士、神社給予賞賜
●擴大御家人的範疇
主導改革
反對改革
安達泰盛
（貞時的外祖父）
藉由將九州的非御家人納為御家人，使其進入幕府的統治體制。
平賴綱
（妻子是貞時的乳母）
得宗家御內人擔心在御家人之中的影響力下降。

年），貞時發動政變討伐了賴綱、資宗等人，這個事件被稱為「平禪門之亂」，命名來自於賴綱出家後使用的名字。

至此，貞時終於成長茁壯，泰盛與賴綱的存在彷彿為了「銜接」羽翼豐滿的貞時一般，待貞時由他們手中奪回權力，便推動政治產生新的進展。由此，政治權力進一步集中於得宗家，而得宗專制政治也得以完全確立起來。

改革派執權的挑戰與挫折——北條貞時的政治

鎌倉時代後期，御家人陷入貧困的窘境，其原因不僅與蒙古入侵等外部因素有關，也與當代武士的樣貌、社會整體的改變等因素有著深刻的關聯。

一直以來，武士透過「分割繼承」的方式，轉讓自己擁有的土地與權利。所謂的分割繼承，是一種將財產以公正且平等的方式分配給繼承者的制度。舉例來說，若有三位繼承人長男、次男與長女，每人繼承的土地及權利皆是均等的。

然而，在代代相傳之後，這些財產也被一次又一次地分割，子孫分配到的財產也跟著愈來愈少，這終究導致御家人陷入貧窮。於是在這樣的背景之下，縮減女性繼承比例、只讓長男繼承所有財產的「單獨繼承制」愈來愈普遍。

在世界歷史之中，也能找到因分割繼承而導致問題重重的例子。以中世紀歐洲的法蘭克王國為例，查理曼雖成功擴張了法蘭克王國的領土，但他的兒子路易一世（Louis the Pious）以分割繼承的方式將土地分配給兒子，使他們各自擁有了自己的勢力，並在後來發展為兄弟之間激烈的領土紛爭，最終透過簽訂《凡爾登條約》（Treaty of Verdun，八四三年）劃定領土邊界，整起內亂才終於告一段落，但也埋下了未來紛爭的種子。鑒於此類弊端，長子繼承制也成為歐洲普遍採取的繼承方式。

話題回到日本，宋錢以爆發性的速度迅速普及之時，御家人因無法適應使用宋錢的貨幣經濟（經濟活動）而蒙受巨大損失。結果導致御家人將自己最重要的財產，也就是領土拿去做抵押的狀況發生，更因此出現失去了土地而沒落的御家人。

面對眼前的種種難題，重掌權力的貞時開始挑戰各式各樣的政治改革。

其中最知名的是頒布於一二九七年（永仁五年）的《永仁德政令》。內容是「禁止販賣、抵押領土」，與「已出售給地頭、御家人但未滿二十年的土地，以及所有已出售給非御家人、庶民的土地，皆須無償返還給原先擁有土地的御家人」。這是為了救濟窮困的御家人而頒布的措施，卻不只影響御家人，也廣泛影響到過去曾經放棄手中土地的所有人。造成除了政策施行對象之外，其他無關的人也在各地以「德政令」為藉口引起紛爭，治安因此一口氣惡化。

此外，貞時也與歷代執權一樣致力於訴訟制度的改革，並在此時禁止御家人越訴[1]（請求再審）。然而此舉剝奪了御家人的訴訟機會，因而遭到強烈反彈，導致這項禁止越訴的規定很快便於隔年撤銷了。

除此之外，貞時也積極施行各種改革，如廢止引付眾，改採由貞時直接判決的「執奏」制度，以及設置管理九州的「鎮西探題」官職等，積極的作為令人矚目。

然而，貞時的政治改革卻戛然而止。一三〇五年（嘉元三年），貞時的堂弟北條宗方[2]率領軍隊殺害了當時的連署北條時村。

宗方在率兵襲擊之後，雖辯稱暗殺時村是依貞時的命令行事，不過很快就被識破，隨後包含宗方在內，參與暗殺的一千人等皆遭處刑。

這便是所謂的「嘉元之亂」。雖然事件的背景成謎，卻很有可能是北條氏一門內部的權力鬥爭。更有一種說法認為，事件起於皆隸屬得宗家的貞時與宗方聯手殺害庶家的代表時村，但後來貞時迫於周遭人等的強烈反彈，因而不得不處決宗方。

無論如何，可以肯定的是原本積極推動政治改革的貞時，卻在事件發生之後一口氣失去了對政事的熱情。根據記載，貞時不再出席評定與寄合會議，鎮日沉溺於飲酒，還因此遭到家臣勸諫。

直到最後，貞時都沒有找回他對政事的熱情。一三一一年（應長元年），他留下年僅八歲的兒子北條高時，在四十一歲這

鎌倉幕府後期的行政機關

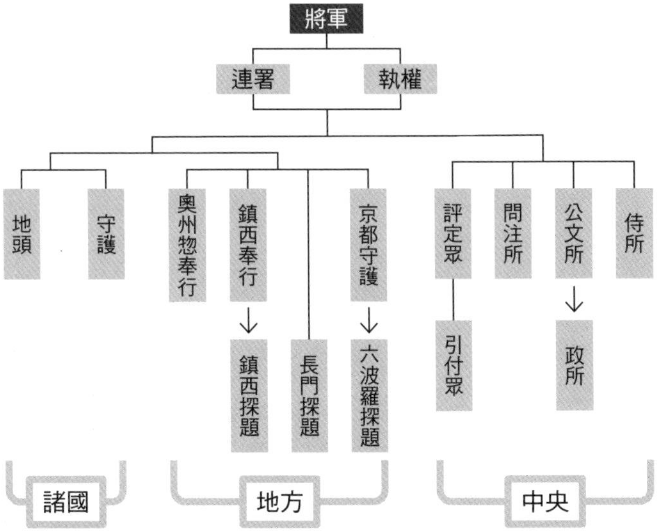

一年撒手人寰。

晚年的貞時究竟經歷了什麼樣的心境變化？他真正的想法已無從得知。然而，由於貞時的挑戰以失敗告終，導致他的兒子高時無法以執權的身分主導政治[3]，幕府也因此逐漸邁向衰敗滅亡的道路。

1 越訴即越級上訴之意。

2 貞時之父八代執權時宗與宗方之父宗賴是異母兄弟，兩人的父親是五代執權時賴。

3 其實高時後來有當上執權，不過是在他父親之後第五代，為第十四代執權，當時的執權已經形同虛位了。

此時此刻的世界大事？

1303年爆發「阿納尼事件」

法國國王腓力四世與教宗波尼法爵八世（Pope Boniface VIII）圍繞神職人員的課稅問題爆發激烈衝突，最終暫居於義大利阿納尼（Anagni）的教宗遭腓力四世逮捕並被迫退位。據說教宗經此衝擊後憤極而亡，此一事件也象徵了教宗權力的衰落。

改變時代的男人們——「惡黨」壯大的軌跡

隨著社會動盪的情況加劇，一群反抗幕府統治體制的「惡黨」出現了。這群不法之徒在諸國出沒，夜襲、搶劫、山賊與海盜等不法行為屢屢發生，社會治安更為惡化。他們的特徵是刻意不配戴當時成人皆會配戴的烏帽子，讓人一眼就能看出他們的「異狀」。

初期的惡黨只是規模十到二十人左右的小集團，雖然屢屢犯下不法行為，一方面卻也透過建造堡壘等行動，來強調自己亦是構成社會的一員。所謂「惡黨」，僅是從幕府的角度觀看的結果，若從惡黨的角度來看，反而幕府才是他們所謂的「惡黨」。

無論如何，對於擾亂社會治安的惡黨，幕府多次頒布禁止、取締惡黨的相關法令。但是，由於幕府在西國的支配較為弱勢，身為「暴力犯罪分子」的惡黨也逐漸質變。

這些惡黨開始擁有良馬與武器，集團規模也擴大到五十至一百人。他們採取行動的目的，也從強盜搶劫轉向憑恃武力占領土地。於是，這些惡黨遂成長為應被稱為「反幕府勢力」的實體。

為什麼惡黨會產生這樣的變化？其背景肇因於御家人的窮困使幕府頒布德政令，而德政令又刺激人們一窩蜂地「靠自己的力量奪回土地」，這使御家人與地域社會中的有力者惡黨化。

尤其是御家人的惡黨化，這對幕府來說是相當嚴重的問題。幕府與御家人透過土地而成立的「御恩與奉公」關係，正是鎌倉幕府的根基核心，因此只要御家人脫離這個結構，幕府的統治體制便會從基礎開始崩解。

此時的惡黨問題，已經不是只靠幕府的力量就能解決的了。同時朝廷所管理的莊園與村落也紛紛獨立，朝廷無法如過去一般輕易控制。

因此，北條貞時便與當時的伏見天皇

惡黨的變化

前期惡黨

1299～1302年	10～20人的小規模集團。	柿色的帷子搭配六方笠。不戴烏帽子、不著袴，也沒有鎧甲之類的兵具。揹著竹籠，拿著一把刀柄與刀鞘都脫落的太刀。

惡黨鎮壓
1319年

後期惡黨

1324～1328年	規模擴大為50～100人。御家人惡黨化。	騎著優良的馬匹，擁有鑲嵌著金銀的馬具、唐櫃、弓箭與兵具，穿戴鎧甲與腹卷。

聯手，對惡黨祭出強力的對策。其方法是透過朝廷將惡黨認定為「逆賊」，幕府的六波羅探題就可以直接逮捕。但是因為諸國已經漸漸認定「比起朝廷或幕府的命令，擁有實力的惡黨更有正當性」，再加上幕府仍未解決御家人的窮困等重大問題，使得幕府的處境變得更加困難。

另一方面，惡黨持續擴大自己的勢力。進入十四世紀之後，楠木正成、平野將監入道等後來參與倒幕運動的惡黨也活躍了起來。

不過值得注意的是，這些惡黨大多並非單獨行動，他們背後隱藏著一群利用惡黨來維護自己權利的人。這些人通常是大寺院中位高權重的領導階級僧侶，如醍醐寺（今京都府）座主定濟與金剛寺院（今大阪府）主代清弘等人。寺院與惡黨彼此竟有勾結，確實令人難以置信，不過當時的大寺院並不完全依賴朝廷與幕府，而是靠著寺院本身的力量管理寺領。或許寺院與惡黨雙方搭上線的原因，就是這種運用武力擴大規模的特質。

驅使惡黨為己所用的人物之中，最知名的就是一三一八年（文保二年）即位的後醍醐天皇。鎌倉時代末期，社會動盪不安，對幕府來說相當棘手的惡黨，靠著協助朝廷行事而逐漸建立「正當性」。

朝幕關係的變化——後醍醐天皇與北條高時

承久之亂後，朝廷與幕府之間維持著表面融洽的關係。雖然幕府仍會插手皇位繼承等事宜，但朝廷方也並未反彈，反而是鄭重接受了幕府的意見。

另一方面，幕府也不想過度刺激朝廷，他們恭迎後嵯峨上皇之子宗尊親王，令其登上親王將軍之座，更透過援助朝廷的財政，努力維持雙方之間的和諧關係。

兩者的關係能維持安定，除了過去朝廷在承久之亂大敗的背景外，後嵯峨天皇重視與幕府協調合作的傾向也起了極大作用。

然而，正如北條氏一門為了爭奪幕府執權之位而紛爭頻傳一般，朝廷內部也為了爭奪皇位繼承權而發生衝突。後嵯峨天皇讓位給自己的兒子後深草天皇，後深草天皇又讓位給弟弟龜山天皇，隨後兩位前天皇便各自發展院政。然而，後嵯峨過世時，因其未明確指出後深草與龜山哪一方為「正統」，導致後深草與龜山同時成為上皇，雙方皆以「治天之君」的身分施行「院政」，從而嫌隙漸生。天皇家也因此分裂為兩統，分別是後深草一支的「持明院統」，以及龜山一支的「大覺寺統」。兩個家族形成對立局面，展開激烈紛爭，不僅爭奪皇位，也爭奪遼闊的天皇家莊園領土。

由於皇位繼承的決議在很大的程度上受到幕府意向的影響，因此兩統皆積極敦促幕府指名自己家族的皇子為下一任天皇。結果，龜山天皇的繼任者為皇子的後宇多天皇（大覺寺統），而後宇多天皇的繼任者則被指名為後深草天皇的皇子伏見天皇（持明院統）。

種種跡象顯示幕府確實介入了天皇繼承權的指名。例如，伏見天皇即位，幕府即是根據西園寺實兼的意見決定的。西園寺實兼當時擔任「關東申次」一職，此官職是幕府為了與朝廷聯絡而設置的。

在此狀況下，成為上皇的龜山積極展開院政，卻因與安達泰盛關係密切，而在霜月騷動後被懷疑可

此時此刻的世界大事？

1310年左右，史書《史集》編纂成書

伊兒汗國的宰相拉施德丁（Rashid al-Din Hamadani）編撰了史書《史集》，主要講述蒙古帝國的歷史。《史集》的特色是以蒙古帝國為中心，收集世界各國諸民族的歷史。其涵蓋範圍之廣，被譽為世界上第一本留下文字記載的「世界史」。

能有「倒幕」的意圖，最終幕府決定將院政的主導權轉移至後深草上皇一方。從這些事件看來，兩統的命運皆取決於幕府的決定。

類似的情形後來仍持續發生。就在伏見天皇將皇位禪讓給後伏見天皇（持明院統）之後沒多久，大覺寺統拚盡全力影響幕府的想法，成功影響幕府逼迫後伏見天皇退位並傳位給後二條天皇（大覺寺統）。然而不幸的是，後二條天皇英年早逝，這次便改由花園天皇（持明院統）即位，造成天皇與主導院政的上皇不斷在兩統之間彼此取代的狀況。

天皇家系譜

※（　）內的數字代表第幾代
北代表北朝

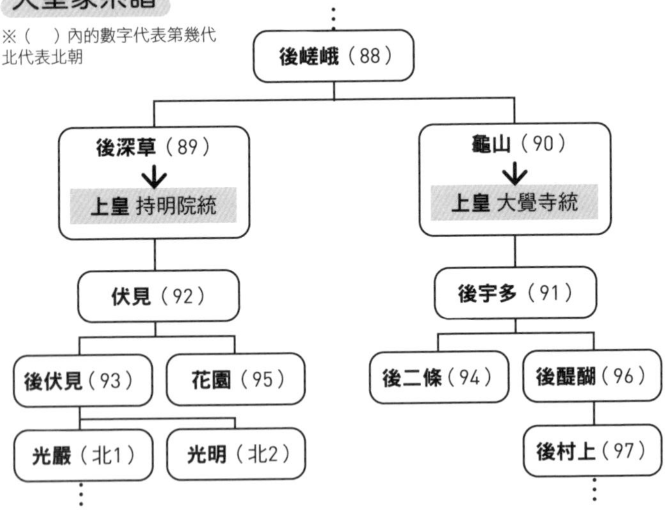

因應這樣的狀況，幕府便提議大覺寺統與持明院統以更替方式輪流即位，即所謂的「兩統迭立」，並根據一三一七年（文保元年）兩統協議之「文保和談」的約定，正式決定花園天皇的後繼者為後醍醐天皇（大覺寺統）。據說，由於屬於持明院統的花園天皇在位長達十年，因此雙方同意後醍醐天皇的繼任者暫時也由大覺寺統選出，之後再開始正式執行持明院統與大覺寺統輪流即位的繼位規則。

另一方面，當時在大覺寺統家族中掌握實權的後宇多天皇，雖然讓自己的兒子後醍醐天皇即位，但其實他真正屬意的繼承人是孫子邦良親王。事實上，他也令後醍醐天皇立邦良親王為皇太子，據說後醍醐天皇對其而言只是「邦良親王成長之前的臨時天皇」。

不過，最近的研究對和談內容提出了不同的看法，該說法認為，雙方從最初開始便未曾就兩統迭立等問題達成一致。追根究柢，兩統迭立只是幕府所提議的解決方案，並非雙方合意的解決方式。另有一說認為，雙方或許在某些部分達成協議，但僅止於部分內容。

在這場和談當中，北條氏究竟在盤算什麼？針對這個問題，各方的見解也不一致。北條氏提議兩統迭立，究竟是為了便於控制朝廷，還是已經無力介入深陷泥淖的兩統紛爭？無論如何，可以肯定的是自協議之後，幕府便再無干涉皇位繼承之舉。

幕府在此期間，由北條高時於一三一六年（正和五年）登上執權之位。然而，實際掌握政治實權的，卻是擔任連署的金澤貞顯以及得宗家執事長崎高綱、安達時顯等人。事實上，得宗家的專制政權在此一時期已經瀕臨崩潰，高時的權力難以施展，政治掌握在執權周遭的極少數人手中，由高綱與時顯等人以合議的方式執行。

由於高時沒有治國之能，使幕府走上滅亡一途，因而遭受相當嚴厲的批判，諸如「無能又虛弱之人」、「沉迷於鬥犬與田樂[4]的昏君」等，皆是形容高時的惡名。不過根據一路走來的歷史脈絡，早在高時上任之前，鎌倉幕府便問題重重，諸如御家人

此時此刻的世界大事？

1320年蘇格蘭獨立宣言

蘇格蘭試圖統一大不列顛島，卻反遭英格蘭入侵，他們在與英格蘭的戰事中取得優勢，並於港都阿布羅斯（Arbroath）宣布獨立。時至今日，蘇格蘭仍致力於推動獨立運動，此一歷史事件亦深刻烙印在人們的記憶之中。

制度的崩壞以及連年饑荒等。除此之外，由於高時在立場上已無力主導政治，勢必陷入無能為力的窘境。而記載高時此人才華的紀錄與文獻，多為南朝方的人所留下，由於他們是後來剿滅高時的勝利者，顯示這些紀錄可能並不公正。

4 田樂是祈求豐收的舞蹈，平安時期只有在農耕時才跳，到了鎌倉、室町時期演變為一種娛樂方式。

column 7

北條高時最愛的娛樂「鬥犬」

「不尋常的愛好」鬥犬的實際樣貌

即使鎌倉時代的社會有著許許多多各式各樣的娛樂，北條高時喜愛的「鬥犬」仍是其中相當引人注目的一項。

當時，鬥犬是賭博的一種形式，不僅沒有現代競技的嚴謹制度，而且還相當殘忍。

鬥犬被京都貴族視為禁忌，是一項令人厭惡的活動。在京都貴族的日常生活當中，他們將動物的屍體視為必須遠離神聖空間的「汙穢」之物，並採取各式各樣的措施以盡量遠離。而鬥犬這項娛樂的特性就是會產生動物的屍體，理所當然成為貴族敬而遠之的活動。

尤其高時喜歡的鬥犬方式，是將一百多隻狗分為敵我兩方的大規模鬥犬，因此在當時貴族的眼裡，其古怪程度更是令人難以理解。

雖說在武士階級之間，原本就缺乏所謂汙穢的概念，但是在親王將軍居住的鎌倉鬥犬作樂、製造汙穢，仍令人難以想像，因此一般推

測高時很可能是在引退離開鎌倉之後，才開始以鬥犬為樂。如此說來，高時是否因熱中鬥犬而荒廢政務，仍待釐清。

話說回來，綜觀世界，在古羅馬、印度與英國等地都能找到鬥犬的蹤跡。不過到了現代，動物保護的觀念興起，這項活動已經近乎絕跡。目前日本的青森縣、高知縣等地，仍有舉辦以不致死為前提、規則相當嚴謹的鬥犬活動。

朝廷再次敗北？——正中之變與元弘之變

後醍醐天皇登基後，於一三二一年（元亨元年）執掌朝廷政事，開啟了天皇親政的時代。他認為平安時代的朝廷運作方式才是理想的朝廷樣貌，除了恢復處理訴訟相關業務的「記錄所」，更重用日野資朝、日野俊基等人，試圖改革朝政。

不過到了一三二四年（元亨四年），後醍醐天皇遭人密告計劃推翻幕府，招致了幕府的一連串調查。幕府除了計劃性地強迫參與倒幕的武士自我了斷，更要求後醍醐天皇交出身邊的兩位親信資朝、俊基接受調查。後醍醐天皇爽快地接受了這個要求，並派遣使者到鎌倉解釋自己的清白。

經過裁決，幕府雖判定後醍醐天皇「與陰謀無關」，但仍處罰了資朝、俊基二人。這起事件被稱為「正中之變」，一般認為後醍醐天皇在廢止後宇多上皇的院政並主導政治之後，開始認為建立起兩統迭立制度的幕府，很可能成為身為天皇的自己與子孫未來發展的障礙，因此才有了第一個倒幕計畫。

不過近幾年來，也有另一種新的說法，認為這其實是一起逼迫後醍醐天皇退位的陰謀。如先前所述，大覺寺統與持明院統之間的對立相當激烈，即使只考慮大覺寺統的狀況，也有邦良親王對天皇之位虎視眈眈。皇室的倒幕動機充足，然而幕府似乎為了防止皇室變得更加混亂，特意在不提及事件真相的狀況下做出裁決。

無論如何，正中之變是圍繞皇位繼承問題而引起的紛爭，這一點無庸置疑。而幾位覬覦皇位的親王為了逼迫後醍醐天皇退位，幾乎天天派使者到幕府施壓，他們分別是持明院統一系中後伏見天皇之子量仁親王，以及大覺寺統一系的邦良親王與龜山天皇之子恒明親王等人。另一方面，後醍醐天皇也經常派遣使者前往幕府，其殷勤的程度更被比喻成「猶如賽馬」。

與此同時，幕府政治中心爆發內亂。一三二六年（嘉曆元年），高時因病辭退執權之位後出家，當時高時之弟北條泰家[5]有意即位執權，後來卻由北條氏一門的北條（金

此時此刻的世界大事？

1325年伊凡一世即位

伊凡一世（Ivan I of Moscow）在蒙古欽察汗國的統治下即位為莫斯科大公。「莫斯科大公國」當時雖仍隸屬於欽察汗國，依舊逐漸增強自身的勢力，為欽察汗國滅亡後的俄羅斯統一奠定了基礎。

澤）貞顯即位成為下一任執權，這引發了泰家的不滿。貞顯唯恐遭受泰家的報復，僅上任一個月便辭去執權一職。後來由北條（赤橋）守時[6]接任成為下一任執權。

到了一三三一年（元德三年），有人懷疑退隱的北條高時計劃出兵討伐長崎高資，各種風聲導致內部陷入一片混亂。

雪上加霜的是，一三二六年邦良親王的離世使得皇太子一位出現空缺，並引發了皇室一連串爭奪皇太子之位的紛爭。後醍醐天皇屬意自己的兒子尊良親王與世良親王；邦良親王的遺臣則欲擁立其弟邦省親王；而持明院統一系仍繼續支持量仁親王，欲爭奪皇位的各方勢力都想盡各種手段試圖攏絡幕府的支持。

由於各方強烈要求，幕府必須在這場激烈的皇位繼承戰做出最後判斷，他們於是遵照先前協議的「兩統迭立」原則，宣布應由持明院統的量仁親王繼任皇太子。此外，幕府亦指定邦良親王之子康仁為大覺寺統一脈之皇位繼承者，而非後醍醐天皇的任何一個兒子。

至此，後醍醐天皇深感幕府與持明院統絕不可能如他所願，且因幕府彼時已成為持明院統之後盾，他再次興起了推翻幕府的念頭。於是，後醍醐天皇開始動員各地惡黨，在檯面下悄悄為倒幕做準備。

然而，後醍醐天皇第二次的倒幕計畫又再次於事前走漏風聲，他的親信吉田定房向幕府告發了這倒幕陰謀。

後醍醐天皇再次以「此事不是我的責任，請網開一面」為由，試圖向幕府討價還價。但是這次幕府並未善罷甘休，直接派出六波羅探題逮捕了在正中之變亦涉案的日野俊基等人。

後醍醐天皇驚覺自身危險，逃出京都前往笠置山（京都府）後，仍試圖據守抵抗。他在當地匯聚兵力，號召周圍的武士參戰，然幕府率領大軍壓境，後醍醐天皇的兵力難以抵擋，笠置山終被幕府軍攻陷，後醍醐天皇也被逮捕。

元弘之變

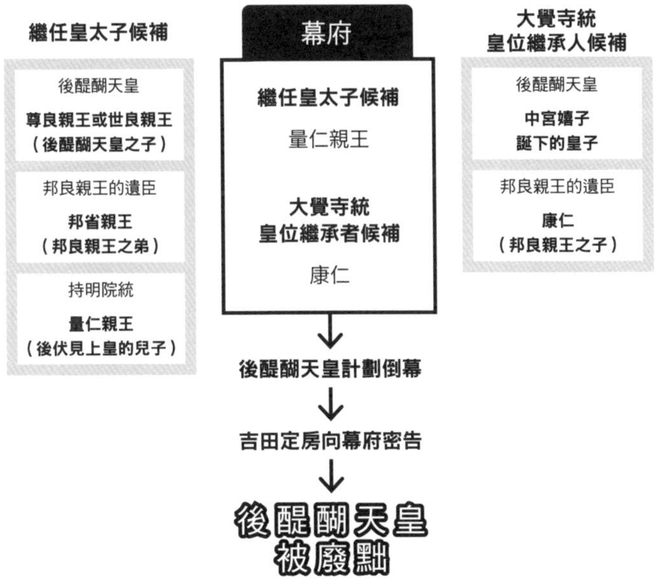

亂後，幕府逼迫後醍醐天皇退位，並將三神器傳給量仁親王。一三三一年（元弘元年），後醍醐天皇退位並由量仁親王即位，是為光嚴天皇。

日野資朝、日野俊基等人於事件後遭處決，而後醍醐天皇則比照過去承久之亂的判例，流放隱岐國[7]（島根縣）。這場以後醍醐天皇為核心引發的倒幕亂事，就是所謂的「元弘之變」。

回顧歷史，後鳥羽上皇被流放到隱岐之後，直到最後都未能取回政治權力，最終抱憾而終。各位可能會因此認為，後醍醐天皇的命運亦會就此止步。

然而事實卻恰恰相反，後醍醐天皇真正大顯身手的時刻，從這個時候才正要開始。後醍醐天皇時期與承久之亂之間的決定性差距，在於此時與當時不同，日本各地充滿了許多對幕府抱持不滿的武士。

5　北條泰家是第九代執權北條貞時的四男，屬於得宗家一脈，而北條貞顯則出自北條家另一分流金澤流（北條義時五男實泰分出去的支流）。當時得宗家一脈之中，本由內管領長崎氏支持的高時之子北條邦時與外戚安達氏所支持的（高時之弟）北條泰家對立，爭奪得宗家及執權之位，後來由內管領長崎高資擁立北條貞顯為執權才平息。

6　北條守時（第十六任職權）出自北條氏另一支流赤橋流（也稱赤橋家），始祖是極樂寺流北條重時（北條義時三男）的二男北條長時（第六代執權），為極樂寺流的嫡流。

7　律令時代著名的流放之島。

令人震驚的背叛——倒幕勢力的出現

一三三二年（元弘二年）是後醍醐天皇被流放隱岐那一年，也是不滿幕府統治的反抗勢力崛起的一年。

首先舉兵的是惡黨楠木正成，在笠置山一戰，他也曾響應後醍醐天皇的號召。他帶領軍隊從河內國千早城（今大阪府千早赤坂村附近）出發，後抵達攝津國天王寺（今大阪府天王寺區）。

緊接著出兵的是後醍醐天皇之子護良親王，他當時已經出家並成為比叡山延曆寺的天台座主。護良親王還俗後加入這場討幕之戰，並於大和國吉野（今奈良縣吉野町）舉兵。他代替被流放到隱岐的後醍醐天皇，向對幕府不滿的各方勢力發出「令旨」，號召反叛勢力群起響應。結果，播磨國（今兵庫縣）的赤松圓心[8]率先響應，隨後畿內地區以及周邊諸國皆出現倒幕勢力紛紛加入此次舉兵。

後醍醐天皇眼見大勢已成，遂於一三三三年（元弘三年）祕密逃離隱岐，他投靠伯耆國（今鳥取縣）響應護良親王號召的武將名和長年，並藉其向諸國的倒幕勢力發出命令，群起討伐北條氏。

反幕勢力在各地蜂擁而起，北條氏亦動員東、西國的御家人，試圖壓下這股反動勢力；然而倒幕勢力以突襲的方式在各地奮起作戰，使事態變得更加嚴重。幕府於是下定決心，由東國派遣名越高家與足利尊氏等武將率領大軍前往畿內鎮壓。室町幕府的初代將軍——足利尊氏就此躍上歷史舞台。

足利尊氏生於足利家，這個家系過去曾侍奉源賴朝，不僅在幕府成立時期貢獻一份力量，承久

之亂時亦曾攻入東海道，是歷史悠久的名門。到了鎌倉時代後半期，也就是尊氏身處的年代，足利家的勢力雖然日漸衰落，仍然受到幕府的高度禮遇，待遇堪比北條氏一門，坐擁許多領地，是幕府御家人之中實力相當強大的一支。

然而，足利尊氏率領的遠征軍卻在此役中陷入苦戰。而名越高家早早遭赤松圓心擊敗，也使幕府聯軍很快便缺少了一名大將，戰況更是雪上加霜。

尊氏為了「攻下後醍醐」，率兵進攻後醍醐天皇藏身的伯耆國。然而進軍途中，他卻突然背叛幕府，帶兵折返並攻擊幕府設置在京都的六波羅探題。以此為契機，新田義貞於關東起兵，成為推翻幕府的倒幕勢力之一。至此，幕府終於被逼入絕境。

為什麼一直以來與北條氏關係密切的足利尊氏突然反叛？其背叛的動機與時機皆難以釐清。

過去，「一族的悲願說」是解釋足利尊氏突然叛變的主流說法。這種說法認為，足利家對於家格較低的北條氏頤指氣使的態度一直懷恨在心，終於在尊氏這一代報了一箭之仇。不過近年來，因為北條氏與足利氏之間的密切關係，這個說法逐漸式微。

相反地，尊氏因考量「若繼續追隨北條氏，將會讓自己陷入險境」而倒戈的可能性相當高。只是即使如此，也很難鎖定尊氏決定轉向倒幕的具體時間點。有一説認為他在進軍京都之前就決定倒幕了，另外一個説法則認為他是在高家死後才決定加入倒幕的。

8 本名赤松則村，圓心為法名。

倒幕派的各方勢力與幕府

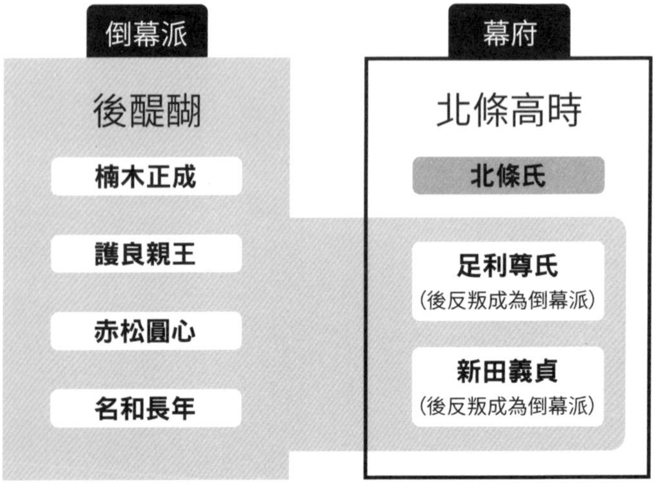

幕府為什麼倒台？——鎌倉幕府的滅亡

幕府得知足利尊氏背叛後，便命六波羅探題的北條仲時、北條時益為主將，以對抗尊氏率領的兵力。雙方短暫交鋒後，很快地幕府便難以抵擋足利尊氏的大軍，六波羅探題也在很短的時間內被攻陷。於是，仲時與時益便帶著持明院統的後伏見、花園兩位上皇及光嚴天皇倉皇逃往鎌倉。

然而，他們最終沒能抵達鎌倉。

他們在逃亡途中被「野伏[9]眾」襲擊，這類賊寇經常以落武者[10]為目標，而時益也在襲擊中戰死。眼看已經走投無路，仲時接受了命運的安排，率領四百名隨從，在近江國番場宿（今滋賀縣米原市）的蓮華寺自盡，親手了結自己以悲劇收場的一生。仲時等人在蓮華寺自盡的悲慘故事，後來被稱為「番場宿的悲劇」並流傳於後世，當時一起自盡的四百名隨從的墓碑，至今仍留存在蓮華寺中。事件後，光嚴天皇被帶回京都，並遭到後醍醐「廢黜」。

就在六波羅被倒幕勢力占領的同時，東國的新田義貞開始進軍。

義貞軍的主要兵力，大多來自於東國的武士。自古以來，東國的武士一直都是為幕府鞠躬盡瘁的御家人，而加入義貞麾下的倒幕勢力也正是這群人。

即使如此，他們仍將矛頭指向幕府，恐怕是因為連東國的御家人都已無法得到幕府恩惠的關係。雖然鎌倉幕府的統治區域已延伸至西國，然而一般認為當時的幕府已無力維持現有的政治體制。許多訴訟懸而未決呈現爆滿的狀態，也因此當西國發生叛亂，幕府連鎮壓叛亂的軍糧都籌措不出來。如果狀況真的如此嚴峻，也不難想像東國御家人的不滿會爆發。

首先，義貞在小手指原（今埼玉縣所澤

新田義貞軍的進攻路線

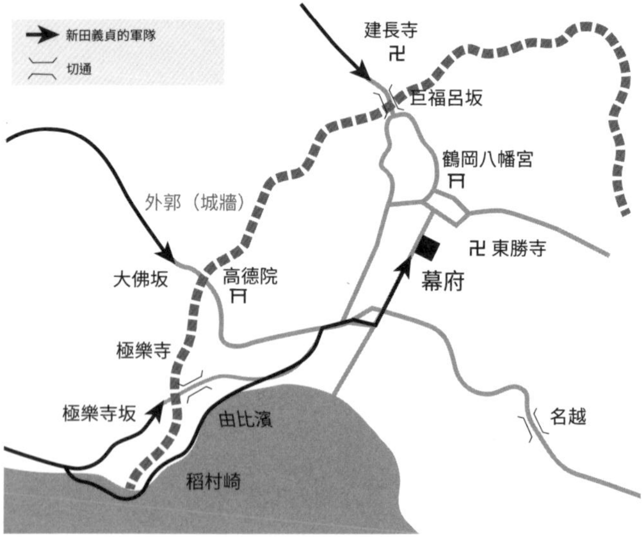

市）與幕府軍作戰並取得勝利。隨後追擊撤退的幕府軍，雙方在分倍河原（今東京都府中市）再次發生激烈衝突。此次，幕府也組織起大軍，並派出北條高時之弟泰家率兵迎擊，但是義貞軍憑藉著東國御家人的力量擊破幕府大軍取得勝利。

此後，義貞的軍隊連戰連勝、屢屢進軍，終於抵達鎌倉之地。鎌倉幕府終究迎來這一刻，被迫籠罩在滅亡的陰影之下。

就在此時，鎮守於鎌倉的幕府軍發現戰況已陷入不利之險境。敵方不僅來勢洶洶，大量的反叛軍勢也令幕府軍苦不堪言。就算如此，幕府仍在義貞軍即將攻打的巨福呂坂、化粧坂與極樂寺坂三地布署兵力，為即將到來的最終決戰做足準備。

雙方就此展開了一場場你進我退的攻防戰。儘管鎌倉

此時此刻的世界大事？

1337年百年戰爭爆發

雖然法蘭西國王與英格蘭國王之間的對立由來已久，然而兩者之間的百年戰爭，要到英格蘭國王愛德華三世主張擁有法國王位的繼承權之後才正式爆發。百年戰爭的結果，歸功於聖女貞德在戰場上的活躍表現，最終由法國取得勝利。

幕府的大將赤橋守時在巨福呂坂敗戰身亡，幸好金澤貞將很快地率兵遞補，總算在激戰中堅持下來。

就在幕府軍仍於化粧坂頑強抵抗之際，面海一側的極樂寺坂卻遭到敵軍突破，戰況也一口氣急轉直下。

至此，眼見戰敗已成定局，幕府方逃往東勝寺，北條高時等二百八十多名北條氏成員在此自盡。

鎌倉就此淪陷。

事實上，並非所有的幕府勢力都一路戰敗。位於九州的鎮西探題，即使在不利的條件下依然奮勇作戰，一度擊敗了倒幕勢力。然而，當六波羅淪陷、鎌倉戰況劣勢

鎌倉幕府滅亡的過程

的消息傳出之後，形勢很快便遭到逆轉。九州御家人憑藉這股優勢，發動總攻擊，鎮西探題因而被一舉殲滅。

一三三三年（正慶二年），鎌倉幕府政權在延續約一百五十年後徹底垮台，鎌倉時代就此告終。

鎌倉幕府滅亡後，後醍醐重登天皇寶座，並推行「建武新政」。然而與此同時，部分倖存的北條氏族人也在各地引發叛亂。據說，過去曾任職關東申次[11]並活躍於政壇的西園寺公宗，曾藏匿北條時興（泰家）並密謀反叛後醍醐天皇。雖然這些叛亂預謀與計畫後來都被後醍醐天皇的建武政權所鎮壓，卻有一股力量對建武政權構成了實質威脅，那就是北條高時的遺孤北條時行所發動的「中先代之亂」。

時行於幕府滅亡兩年後的一三三五年（建武二年），於信濃國（今長野縣）舉兵叛變，彷彿再現新田義貞的進軍一般，舉兵攻向鎌倉。儘管當時的時行年僅六歲，不過就是北條氏復興的一個形式上象徵而已。

面對時行軍的進犯，後醍醐天皇雖派出尊氏之弟足利直義至鎌倉應戰，時行軍仍在小手指原與府中大破敵軍，並成功奪回鎌倉。直義在敗陣之下，於鎌倉殺害了可能成為敵軍旗幟的護良親王之後，便往西方敗逃。眼看鎌倉幕府就要捲土重來。

然而當足利尊氏的軍隊自京都攻來，時行軍卻屢戰屢敗，無法維持對鎌倉的控制，而尊氏軍的攻勢更迫使時行逃離鎌倉。雖然時行占領鎌倉僅二十餘日，時間相當短暫，仍然成功奪回鎌倉，這場戰役也因此被稱為「中先代之亂」。

鎌倉幕府的復興大計終究沒能成功。功敗垂成的時行在後來的南北朝時期得到後醍醐天皇的赦免，不再被視為朝敵。他與北畠顯家等南朝武將攜手作戰，再次收復鎌倉。後來京都落入北朝手中，時行以奪回京都為目的從鎌倉進軍，卻在途中的一場戰役中遭遇大敗。

即使如此，時行仍倖免於難。一三五二年（文和元

此時此刻的世界大事？

1351年紅巾之亂爆發

元所統治之下的中國爆發的紅巾之亂，是以白蓮教徒為中心所組成的紅巾軍發動的反元亂事。明的開國皇帝朱元璋也參與了這場叛亂，因此一役聲名鵲起的他，最終成為鎮壓叛亂的一方，並於1368年建立了明國。

年、正平二年），足利尊氏、直義兩兄弟彼此對立，爆發「觀應擾亂」之際，時行趁此良機，參與了南朝的起兵計畫。他雖藉此三度成功奪回鎌倉，卻再次敗於足利尊氏之手，最終落入被逮捕處決的下場。

話說回來，鎌倉幕府為何走上毀滅一途？關於這個問題，自古以來就有許多不同的見解，其中幾個著名的說法如「北條氏與御內人把持幕政導致政治腐敗」、「蒙古襲來導致御家人走向窮困」及「政治不安定導致惡黨抬頭」等，相信各位都不陌生。

近年來，相關研究獲得斬獲，學者提出「貨幣發展導致御家人走向窮困」、「幕府無法針對全球寒化導致的糧食短缺問題採取有力的應對措施」，以及「未成功統治西國與九州」等原因，也是鎌倉幕府垮台的主要因素。

這一切種種問題，或許可以歸納為「鎌倉幕府本身的組織問題」。但是歸根結柢，鎌倉幕府此一政權的根基，是奠定在「東國」的「御家人」之上，其基本的組織架構與政治制度，皆是為了統治御家人所制定。然而，當鎌倉幕府的統治範圍在承久之亂後，擴大到以畿內為中心的西國，在蒙古襲來之後更擴大到九州，其統治勢力幾乎遍及全國，但是幕府的組織與制度卻完全跟不上其拓展的腳步。除此之外，從安達泰盛積極推動改革卻招致反感一事看來，亦可得知幕府內部確實存在著相當根深柢固的保守派。

結果，鎌倉幕府在無法適應變化的狀況下，又不得不應對各種狀況，最終不僅失去西國與九州的支持，連幕府政權的根基「東國御家人」的支持都失去了。

9 野伏乃指落草為寇的武人。

10 落武者係指戰亂時期作為敗者而逃亡的武士，別名落人。戰國時代，農民為了恩賞與所持品，會狙擊落武者的首級（落武者狩）。

11 由朝廷的立場出發，在朝幕之間協調的職位。

鎌倉武士的「遺產」——鎌倉幕府對後世的影響

一聽到「政權轉移」這個詞彙，是否給人政治風氣煥然一新、開啟新時代的感覺呢？後醍醐天皇所推行的「建武新政」，便給人一種勇於推動政治改革、抹去鎌倉幕府色彩的強烈印象。

然而，實際觀察建武政權與室町幕府的政治制度，大部分的統治機制仍沿用了鎌倉幕府的架構。舉例來說，後醍醐天皇設立的訴訟機關「雜訴決斷所」，其架構便近似於鎌倉幕府的訴訟機關「引付」，並且有些雜訴決斷所的職員，也是直接錄用鎌倉幕府時期的人才。除此之外，遍布全國的「守護」制度在室町時代之後，仍然作為地方的統治核心持續發揮作用。

因此雖然說「鎌倉幕府滅亡」，鎌倉幕府卻仍然以上述形式存在於社會之中，實質上來說，或許「北條氏滅亡」是更為精準的說法。

雖然北條氏一門已經滅亡，但北條家存在的證明仍然持續影響著後世。室町時代後期，北條早雲出發平定伊豆，他是被視為日本史上首位戰國大名的人物。

北條早雲原名「伊勢盛時」，他生前並未自稱北條氏，伊勢一族改稱「北條」，其實是從他的繼承人北條氏綱的時代才開始。北條早雲一族與鎌倉的北條氏其實沒有任何關係，為了區分兩者，早雲一族也被稱為「後北條氏」。北條氏的發展歷程是「平定伊豆後，從伊豆向相模進軍，並以相模為根據地」，正是過去的北條氏曾經走過的道路。因此，一般認為他們之所以改姓「北條」，可能是為了合理化自身將勢力擴展到關東的意圖。此外也有學者指出，即使北條氏已滅亡將近兩百年，即使當時已是室町時代後期，該地區的人們仍有部分認為「北條氏是關東地區的統治者」。

此外，江戶幕府的第一代將軍德川家康，也曾利用鎌倉幕府來建立政權。德川家康是《吾妻鏡》的忠實讀者，並以此聞名於世，據說他非常尊敬源賴朝。

除此之外，江戶幕府成立時，德川家康為了取得「武家棟梁」的資格而自稱為「源氏末裔」，並主張遵循鎌倉幕府為先例，作為自身政權的政治信條。儘管來到家康的時代，鎌倉幕府仍被視為「第一個武家政權」，這個認知深深烙印在武士的心中。

不過另一方面，建立鎌倉幕府與穩定政局方面做出巨大貢獻的人物，如源賴朝與北條義時等人，其後世評價卻相當低。

在一般人的印象之中，源義經被譽為「悲劇英雄」，擁有極高的人氣，而源賴朝則是以陰險的手法謀害自己弟弟的反派。北條義時則被評為從將軍與天皇手中篡奪政權的不忠家臣，由於江戶時代相當重視對主君忠誠，而第二次世界大戰之前則視天皇為神權，因此義時這樣的人物受到非常強烈的批判。

不過近年來，人們對歷史的認知被不斷重新審視，歷史人物過去不為人知的一面也開始受到矚目。例如源賴朝也有像大哥一般與血氣方剛的家臣親密交流的一面，以及北條義時在多股政治勢力的角力之中，盡自己最大的努力支持幕府等。

鎌倉幕府滅亡的時間點，距今大約七百年前。鎌倉時代的事件雖已成為過去，然而透過對歷史的解讀以及史料的發現，將會大幅改變人們看待這段歷史的方式。各位讀者請務必以自己的角度，試著發掘歷史的有趣之處。

年表

這是可以交互對照「鎌倉時代大事記」與「世界大事記」的年表。

年代	鎌倉時代大事記	世界大事記
1185	・壇之浦之戰結束，平家滅亡。	・遜尼派主導的伊斯蘭政權埃宥比王朝崛起（1169～1250）
1189	・源義經被藤原泰衡襲擊後自盡。	
1192	・源賴朝成為征夷大將軍，建立鎌倉幕府。	・羅馬教宗英諾森三世即位（1198）
1200	・梶原景時、景季之變。	
1203	・北條時政就任執權。	・第四次十字軍東征（1202～04）
1205	・由藤原定家等歌人編撰的《新古今和歌集》問世。	・蒙古帝國成吉思汗即位（1206）
1213	・和田義盛舉兵，敗戰身亡。	・英國頒布《大憲章》（1215）
1219	・源實朝被公曉暗殺。	・教宗認可道明會（1216）
1221	・「承久之亂」。後鳥羽、土御門、順德上皇流放。	
	北條政子參與幕政。	
1225	・幕府設置「評定眾」。	・額我略九世即位成為羅馬教宗（1227）

1232 ・制定「御成敗式目」。

1247 ・三浦氏一族滅亡。

125? ・鎌倉高德院的大佛落成（？）

1259 ・諸國饑荒。出現大量餓死者

1274 ・第一次蒙古襲來「文永之役」。

1281 ・第二次蒙古襲來「弘安之役」。

1286 ・兩統輪流即位天皇的兩統迭立制度開始。

1297 ・頒布永仁的德政令。

1317 ・皇位繼承之協議「文保和談」。

1318 ・後醍醐天皇即位。

1324 ・後醍醐天皇的倒幕計畫「正中之變」失敗。

1331 ・「元弘之變」。

1333 ・足利尊氏攻陷六波羅探題、新田義貞攻克鎌倉。鎌倉幕府滅亡。

・花剌子模王國滅亡（1231）

・萊格尼察戰役在波蘭爆發（1241）

・馬木路克蘇丹王朝於埃及建國（1250～1517）

・伊兒汗國建國（1258）

・馬可波羅東遊（1271～95）

・元帝國建國（1271～1368）

・南宋滅亡（1276）

・鄂圖曼帝國建國（1299）

・法國召開三級會議（1302）

・百年戰爭在法國爆發（1339～1453）

参考文獻

《詳説日本史研究》佐藤信／五味文彦／高埜利彦／鳥海靖（山川出版社）
《詳説世界史研究》木村靖二／岸本美緒／小松久男（山川出版社）
《中世社会の成り立ち》木村茂光（吉川弘文館）
《躍動する中世》五味文彦（小学館）
《平将門の乱》川尻秋生（吉川弘文館）
《下級貴族たちの王朝時代：《新猿楽記》に見るさまざまな生き方》繁田信一（新典社）
《新・新猿楽記》深沢徹（現代思潮新社）
《院政と武士の登場》福島正樹（吉川弘文館）
《源頼政と木曽義仲：勝者になれなかった源氏》永井晋（中央公論新社）
《頼朝の武士団：将軍・御家人たちと本拠地・鎌倉》細川重男（洋泉社）
《治承・寿永の内乱と平氏》元木泰雄（吉川弘文館）
《源平の内乱と公武政権》川合康（吉川弘文館）
《図説鎌倉北条氏》野口実（戎光祥出版）
《図説鎌倉幕府》田中大喜（戎光祥出版）
《鎌倉将軍・執権・連署列伝》細川重男（吉川弘文館）
《承久の乱》坂井孝一（中央公論新社）
《源氏将軍断絶：なぜ頼朝の血は三代で途絶えたか》坂井孝一（PHP 研究所）
《北条時頼》高橋慎一朗（吉川弘文館）
《都市鎌倉の中世史：吾妻鏡の舞台と主役たち》秋山哲雄（吉川弘文館）
《鎌倉大仏の謎》塩澤寛樹（吉川弘文館）
《家族と女性》峰岸純夫（吉川弘文館）
《鎌倉仏教》平岡聡（KADOKAWA）
《忍性：慈悲ニ過ギタ》松尾剛次（ミネルヴァ書房）
《元寇と南北朝の動乱》小林一岳（吉川弘文館）
《モンゴル襲来の衝撃》佐伯弘次（中央公論新社）
《海底に眠る蒙古襲来：水中考古学の挑戦》池田榮史（吉川弘文館）
《悪党召し捕りの中世：鎌倉幕府の治安維持》西田友広（吉川弘文館）
《後醍醐天皇のすべて》佐藤和彦 / 樋口州男（新人物往来社）
《鎌倉幕府滅亡と北条氏一族》秋山哲雄（吉川弘文館）
《北条高時と金沢貞顕：やさしさがもたらした鎌倉幕府滅亡》永井晋（吉川弘文館）
《鎌倉幕府の滅亡》細川重男（吉川弘文館）
《地図・年表・図解でみる 日本の歴史》武光誠／大石学／小林英夫監修（小学館）
《日本史年表・地図》児玉幸多（吉川弘文館）

國家圖書館預行編目資料

一冊讀懂鎌倉時代／大石學 監修；吳亭儀 譯
——初版 .—— 新北市：遠足文化事業股份有限公司，
2024 年 2 月
224 面；14.8×21 公分
譯自：一冊でわかる鎌倉時代
ISBN 978-986-508-275-8（平裝）
1. 日本史 2. 鎌倉時代

731.241 112021262

輕鬆掌握日本三大幕府 3-1

一冊讀懂鎌倉時代

一冊でわかる鎌倉時代

監　　修　大石學
譯　　者　吳亭儀
責任編輯　賴譽夫
美術排版　一瞬設計
協　　力　比企貴之（國學院大學　研究開發推進機構）
日版構成　常松心平、古川貴恵（オフィス 303）、齊藤颯人
日版設計　倉科明敏（T.Design）
日版文字　齊藤颯人
插　　畫　坂上曉仁
日版圖表　竹村朋花（オフィス 303）

編輯出版　遠足文化（讀書共和國出版集團）
行銷企劃　張偉豪、張詠晶、趙鴻祐
行銷總監　陳雅雯
副總編輯　賴譽夫
發　　行　遠足文化事業股份有限公司
23141 新北市新店區民權路 108 之 2 號 9 樓
代表號：（02）2218-1417 傳真：（02）2218-0727
客服專線：0800-221-029
Email：service@bookrep.com.tw
郵政劃撥帳號：19504465
戶名：遠足文化事業股份有限公司
網址：http://www.bookrep.com.tw

法律顧問　華洋法律事務所　蘇文生律師
印　　製　韋懋實業有限公司
初版一刷　2024 年 2 月

ＩＳＢＮ　978-986-508-275-8
定　　價　360 元